Für alle von Hartz IV
und »Heart's Fear« Betroffenen –
und für alle, die ihnen beistehen.

Verlag Neuer Weg
MEDIENGRUPPE NEUER WEG GmbH

DANKSAGUNG

Für Unterstützung in hartzigen Zeiten danke ich Tante Anna, Babysitterin Barbara, meiner wehrhaften Wehr-di-Helferin bei ver.di, einem Bürgermeister, meinem Rentenberatungsteam, mitfühlenden KollegInnen, den FreundInnen, die es geblieben sind und den MitbewohnerInnen, die es wurden.

Ich danke weiterhin der Werner Friedmann-Stiftung für Medikamente und kulturelle Teilhabe, der VG WORT für Brille, PC und andere Lebensgrundlagen, meiner Bankfrau für einen Dispo, der mir nicht zustand, meiner ehemaligen Arbeitslosengruppe für wertvolle Inspirationen sowie Frau Liba für ihre unverzagte Weisheit.

Meinem Mann sage ich Danke für sein großes kämpferisches Herz, meiner Herkunftsfamilie für ihr Vorbild in Zivilcourage, meiner Tochter für ihren Pioniergeist und den Mut, mich zur »Tafel« zu begleiten; und meiner kleinen Enkelin wünsche ich, dass sie ihr Leben in Frieden und Freiheit verbringen darf, mit allen, die sie lieben.

Mein besonderer Dank geht an meinen Verlag und an meinen Lektor, die diesem Buch den Weg bereitet haben.

Alte Bottroper Straße 42, 45356 Essen
Telefon +49-(0)-201-25915
Fax +49-(0)-201-6144462
verlag@neuerweg.de
www.neuerweg.de

Gesamtherstellung:
Mediengruppe Neuer Weg GmbH

ISBN: 978-3-88021-494-1
E-Book ISBN: 978-3-88021-495-8

Bettina Kenter-Götte

HEART'S FEAR HARTZ IV

Geschichten von Armut und Ausgrenzung

*»Die Würde des Menschen ist unantastbar.
Sie zu achten und zu schützen ist Verpflichtung
aller staatlichen Gewalt.«*

Grundgesetz, Artikel 1 (1)

oder, wie Frau Liba sagt:

»Brauch' ma net Hartz, brauch' ma mehr Herz!«

VORWORT

DAS RECHT, RECHTE ZU HABEN

Demütigung, Entwürdigung, Entrechtung – was Bettina Kenter-Götte über ihre Erfahrungen mit den Grundsicherungssystemen in Deutschland schreibt, macht sprachlos und wütend. Menschen, die in diese Systeme – ich wage gar nicht dafür den euphemistischen Begriff »Sozialsysteme« in den Mund zu nehmen – gepresst sind, werden ihrer Würde, ihrer Autonomie, ihrer sozialen Kontakte, ihrer Möglichkeiten der gesellschaftlichen Teilhabe beraubt, ganz zu schweigen von der Möglichkeit, die eigene Persönlichkeit zu entfalten und zu entwickeln.

Verantwortlich für diese Situation sind jene Politikerinnen und Politiker von SPD, CDU/CSU, Bündnis 90/Die Grünen und FDP, die für Hartz IV gestimmt haben. Sie haben mit der Verabschiedung der Hartz-Gesetze zu verantworten, dass Menschen tagtäglich ihrer grundlegenden Rechte beraubt werden. Denn diese Gesetze bedeuten Armut und Ausgrenzung. Das ist keinesfalls aus Versehen geschehen – nein, das ist gewollt. Weil allen gezeigt werden soll: Seht her, wenn ihr nicht spurt, so wie es das Kapital, der Arbeitsmarkt und wir dies wollen, dann droht euch Armut und Ausgrenzung, Erniedrigung und Stigmatisierung. Auch sollen die Grundsicherungssysteme Menschen abschrecken, die ihnen zustehenden Leistungen zu beantragen: Bis zu 50 Prozent derjenigen, die heute einen Anspruch auf eine Grundsicherung haben, verzichten auf diesen Anspruch. Denn jeder Gang zu Ämtern ist für Arme stigmatisierend und diskriminierend. Der Rechtsanspruch auf die Grundsicherung wird so ausgehebelt.

Die bestehenden Grundsicherungssysteme, die in der Tradition der unseligen Armenfürsorge stehen, führen zu Diskriminierung und Ausgrenzung der Betroffenen. Verwehrt werden ihnen grundlegende Rechte – das Recht auf eine ausreichende Existenz- und Teilhabesicherung, auf freie Entwicklung der persönlichen Fähigkeiten, das Recht auf eine selbstbestimmte Lebensführung, das Recht auf Freizügigkeit, auf kulturelle und politische Teilhabe.

Jeder Mensch hat aber das Recht, diese Rechte zu haben – ohne Wenn und Aber, bedingungslos, weil er Mensch ist. Werden ihm diese Rechte nicht gewährt, muss er sie gemeinsam mit anderen Menschen erstreiten, das heißt erkämpfen.

Das Allermindeste, was sofort erstritten werden muss, ist die Abschaffung der unsäglichen Sanktions- und Leistungskürzungsregelungen bei den Grundsicherungen. Denn diese Regelungen führen dazu, dass selbst die mehr als kärglichen Leistungen bei Hartz IV und der Hilfe zum Lebensunterhalt gekürzt oder ganz versagt werden können. Selbstverständlich müssen soziale Leistungen auch ausreichend hoch sein, also mindestens eine Höhe haben, die über der Armutsrisikogrenze liegt. Das ist derzeit nicht der Fall, die Regelleistungen reichen nicht mal für eine gesunde Ernährung; viele Betroffene müssen umziehen und wohnen in schlechtester Wohnlage, häufig verbunden mit einer ungesunden Wohnsituation, weil die Leistungen für Miete und Heizung nicht ausreichen. Das Konstrukt der Bedarfs- bzw. Einsatzgemeinschaft muss abgeschafft werden: Jede und jeder Einzelne hat das Recht auf eine ausreichende individuelle Absicherung.

Viele, auch ich, plädieren darüber hinaus für eine Abschaffung der Bedürftigkeitsprüfung, also letztlich für ein Grundeinkommen. Damit soll auch eine Spaltung der Gesellschaft in diejenigen, die einen Sozialtransfer zur grundlegenden Existenz- und Teilhabesicherung erhalten, und diejenigen, die einen solchen Transfer nicht erhalten, aufgehoben werden – eine Spaltung, die Diskriminierungen und Stigmatisierungen Vorschub leistet.

Bettina Kenter-Götte beschreibt mit ergreifenden und klaren Worten die Unmenschlichkeit eines bestehenden Systems, eine Unmenschlichkeit, die sie selbst erleben musste. Wer das Buch gelesen hat, wird sich die Frage stellen: Wie muss eine Gesellschaft aussehen, in der das Recht, Rechte zu haben, für alle gilt, in der jede und jeder frei von den Sorgen um die alltägliche Existenzsicherung leben kann und genug hat, um am sozialen Leben und an der Gestaltung der Gesellschaft teilzunehmen?

Katja Kipping

Vorsitzende der Partei Die Linke

VORWORT

UNRECHT ZU RECHT ERKLÄREN

Die Hartz-Gesetze mit dem Kernstück Hartz IV waren Bestandteil der Agenda 2010 der Schröder-/Fischer-Regierung, das größte Sozialabbauprogramm in der Nachkriegsgeschichte Deutschlands, unter Federführung zweier Parteien – der Sozialdemokratischen Partei Deutschlands und von Bündnis 90/Die Grünen – entstand dieses Werk des Grauens, ein empörender Maßnahmenkatalog zur gesetzlichen Verankerung sozialer Ungerechtigkeit.

Hartz IV stellt Recht und Gerechtigkeit auf den Kopf: Durch falsche, unsoziale und ungerechte Wirtschafts- und Sozialpolitik werden Menschen in die Arbeitslosigkeit getrieben, der Öffentlichkeit werden sie dann als arbeitsscheue Sozialschmarotzer präsentiert, die man sozialisieren müsse und die selbst an ihrer Situation schuld seien. Sie werden systematisch entrechtet und um ihre Ersparnisse gebracht, schlichtweg enteignet. Wenn sie ihrer Entrechtung nicht freiwillig zustimmen, erhalten sie erst gar keine Leistungen oder ihnen werden die Leistungen gestrichen, im Strafgesetzbuch nennt man das Erpressung. Verweigern sie sinnlose und geistlose Maßnahmen, wollen sie sich gegen Psychoterror und Drangsalierung durch Jobcenter wehren, werden sie sanktioniert. Ihnen werden die Leistungen bis zu 100 Prozent, inklusive Wohnungsmiete, gestrichen, das grundgesetzlich garantierte Existenzminimum verweigert. Der Gipfel: Die Bundesverfassungsrichter sehen darin keine grundlegende Verletzung des Grundgesetzes.

Nicht ohne Grund kam es wenige Monate vor Einführung von Hartz IV bundesweit zu Massenprotesten gegen dieses Gesetz. Die Zusammenlegung von Arbeitslosengeld und Arbeitslosenhilfe auf Sozialhilfeniveau bedeutete für den Großteil der Menschen zum Jahreswechsel 2005 hohe finanzielle Einbußen. Versicherungsverträge mussten gekündigt, Ersparnisse aufgelöst werden, Kreditraten konnten nicht mehr gezahlt werden. Der sozialer Abstieg und Verschuldung waren und sind die Folge.

Im Spätsommer 2004 gründete sich die bundesweite Montagsdemobewegung gegen die Agenda 2010 und Hartz IV. Jeden Montag wurde und wird auch heute nach 13 Jahren immer noch demonstriert.

Die Montagsdemobewegung entwickelte sich in all den Jahren weiter und festigte sich. Der Montag wurde zum Tag des Widerstands und die Themen des Protestes haben sich erweitert. So stehen seit Jahren zusätzlich zu Hartz IV auch die Umwelt, Aufrüstung und Kriegstreiberei sowie die Flüchtlingspolitik im Fokus der bundesweiten Montagsdemonstrationsbewegung. Zugleich sind die Teilnehmerzahlen zurückgegangen und hat die Bewegung derzeit nicht die gesellschaftliche Kraft, die sie bräuchte und erreichen könnte. Jugendliche des REBELL und als Partei die MLPD unterstützen die Montagsdemobewegung von Anfang an bis heute. Immer häufiger nehmen Belegschaften, die von Massenentlassungen betroffen sind, Flüchtlinge im Kampf um ihre Rechte oder kurdische MitbürgerInnen massenhaft teil. Das stimmt uns zuversichtlich für die Zukunft, dass der organisierte Widerstand voran kommen wird.

Und auch zu den Bundestagswahlen 2017 hatten SPD und Grüne wieder die soziale Gerechtigkeit auf ihre Fahnen geschrieben. Entweder leiden die Herrschaften selbst an politischer Demenz oder sie halten die Menschen in diesem Land für politisch dement. Diejenigen, die mit der Agenda 2010 und den Hartz-Gesetzen erst für prekäre Arbeitsverhältnisse, Niedriglöhne, Zukunftsängste, Kinder- und Altersarmut (um nur einige Folgen der Agenda 2010 zu nennen) sorgten, wollen nun für »mehr« soziale Gerechtigkeit sorgen? In der Vergangenheit jedenfalls haben sie stets an dem System Hartz IV festgehalten, jede »Nachbesserung« entpuppte sich als Perfektionierung und weitere Verschärfung für die Opfer ihrer asozialen und menschenrechtswidrigen Politik. Mehr noch: Hartz IV spaltet die Gesellschaft und gefährdet den sozialen Frieden.

Wahlen allein werden in diesem Land nichts ändern. Die Geschichte zeigt: Wirkliche Veränderungen wurden nur durch den Druck von Protesten auf der Straße erzwungen. Hier setzt die bundesweite Montagsdemonstrationsbewegung an – organisiert, ausdauernd und mit überzeugenden Argumenten seit 13 Jahren auf der Straße (Infos unter www.bundesweite-montagsdemo.de).

Wer dieses Buch gelesen hat, kann nur zu einem Schluss kommen: Hartz IV ist und bleibt Armut per Gesetz. Hartz IV ist ein gravierender Verstoß gegen die Menschenrechte und Menschenwürde. Hartz IV ist Psychoterror. Hartz IV ist der systematische Einstieg in den sozialen Abstieg.

Aber Hartz IV sagt uns auch: Wir dürfen die nicht gewähren lassen, die Unrecht zu Recht erklären wollen.

Fred Schirrmacher

Sprecher der Bundesweiten Montagsdemo

»Jede Mutter hat Anspruch auf den Schutz und die Fürsorge der Gemeinschaft.«

Grundgesetz, Artikel 6 (4)

»Sozialhilfe hat nichts mit der früheren Fürsorge zu tun. Sie ist eine moderne Sozialleistung, wie das Kindergeld, das Wohngeld und die Ausbildungsförderung. (Sicher freuen wir uns über jede Mark, die in den öffentlichen Kassen bleibt. Hier aber geht es um wichtigeres, nämlich darum, dass Menschen in Not geholfen wird ...)«[1]

Anke Fuchs, SPD, 1982

»Während der späten 1970er- und frühen 1980er-Jahre avancierte das Sozialhilferecht zum Hauptkampfplatz zwischen Anhänger(inne)n und Gegner(inne)n des bestehenden Wohlfahrtsstaates ... Es scheint, als sei dem Sozialstaat nach dem Sieg über den ›Staatssozialismus‹ von mächtigen Wirtschaftskreisen der Krieg erklärt worden.«[2]

Christoph Butterwegge, 2015

1. KAPITEL
LANGE VOR HARTZ IV

ZAHLTAG

Der Tee ist fertig und abgefüllt im Fläschchen. Personalausweis, Trambahnkarte und Kleingeld liegen bereit; Ersatzwindel und Taschentücher, Auto, Teddybär und Bilderbuch stecken in der Tasche; und ein Apfel, kleingeschnitten, eingedost. Viertel nach sieben; ich bin schon im Mantel. »Liebes ... aufwachen ... « Gleichmäßig tiefer Atem. »Komm, Kleines, wir müssen los!« Müdes Gesichtchen. Schlaftrunkener Blick. »Gehst du auf den Topf?« Ich halte dich, du schwankst vor Müdigkeit. »So ... und jetzt anziehen!« – »Namnam!« – »Oh, mein Herz, jetzt nicht, wir müssen los!«

– »Namnam! Namnam!« Weinend krabbelst du übers Bett. Komm, komm, Mäuschen, rein in den Overall und na, wo ist denn jetzt schon wieder der zweite Schuh? Egal, keine Zeit, da ziehst du halt die Puschen an; regnet ja nicht heute; aber wo kann denn der Schuh bloß sein? So, und jetzt noch die Jacke.

Der Abdruck des Kissens ist noch zu sehen auf deiner rosigen Wange, als ich dich im Buggy über die Straße schiebe.

Drei Minuten vor halb acht; schnell zur Rolltreppe! »Fahrtreppe außer Funktion. Wir bitten um Verständnis.« Ich trage dich im Wägelchen die steile Treppe hinunter, stelle den Buggy ab, öffne meine Handtasche, ziehe den Geldbeutel aus der Tasche und die Trambahnkarte aus dem Geldbeutel. Du willst knipsen; ich bücke mich, hebe dich aus dem Buggy auf meine Hüfte, halte dich mit der linken Hand, mit der rechten helfe ich dir, du schiebst die Karte in den Entwerter, das Papier zerknüllt. »Probier's noch mal! ... Guuut!« Die offene Tasche rutscht mir von der

Schulter, Perso, Kamm und Spielzeugauto fallen heraus. Mit einer Hand halte ich dich, mit der anderen stecke ich die Karte ins Portemonnaie, Perso, Kamm und Auto in die Tasche, schließe die Tasche, sehe die U-Bahn wegfahren. Wie das zieht hier; ich hätte dir einen Schal umbinden sollen; hoffentlich gibt das nicht wieder eine Erkältung. »Aam! Aam!« Ich bücke mich, hebe dich auf die Hüfte, dein Händchen liegt auf dem Mantelkragen an meinem Hals, süß. Zwanzig vor acht. »Ssug! Ssug!« – »Einsteigen bitte!« Alle Abteile überfüllt; ich quetsche mich rein, mit Buggy, und mit dir auf dem Arm. »Zurückbleiben bitte!« Gedränge, festhalten kann man sich nicht, aber ist ja nur eine Station bis zum Umsteigen. Raus aus dem Zug, mit dir auf dem Arm; ich ziehe die Karre an mich, hebe sie über die zackige Schwelle auf die Rolltreppe. Oben den Bahnsteig entlang, schnell rüber zur anderen Rolltreppe, runter zum Bahnsteig, die U-Bahn steht schon da, einsteigen, schnell rein, zurückbleiben, Zug fährt an. Ich stelle den Buggy ab und mit dem Fuß die Bremse ein. Hier ist mehr Platz; wir setzen uns. Jetzt bist du munter; kletterst auf mir herum; animierst morgenmüde lächelnde Menschen zum Versteckspielen, über die Lehne der Sitzbank hinweg; raufst mir zärtlich die Haare; willst runter; willst im Wagen umherlaufen. »Komm, setz dich in den Buggy, lass dich anschnallen, wir müssen gleich wieder raus.« Sieben Minuten vor acht. Die zehn Minuten Fußweg schaffen wir in sechs.

SOZIALAMT MÜNCHEN MITTE I

Die unteren Türen stehen schon offen. Die einzige kleine Bank am Informationstisch ist besetzt. Ich stelle den Buggy im Hausflur ab und die Bremse ein, beuge mich zu dir, löse den Gurt, nehme dich auf die Hüfte, küsse dein herbstkühles Haar; wir gehen auf und ab; oben werden die Türen erst um Viertel nach acht geöffnet. Du niest; ich hätte dir einen Schal umbinden sollen, hoffentlich gibt das nicht gleich wieder eine Erkältung, ich hab' doch einen Termin, nächste Woche; und andere Menschen, selbst wenn sie sehr nett sind, hüten kranke Kinder nicht so gern.

Die Luft ist grau von kaltem Rauch, und grau sind die Gesichter der Menschen, die hier auch warten. Man sieht, sie haben schon bessere Tage gesehen. Meine Augen brennen; ich hab' schon bessere Tage gesehn. Der Mann vom Infotisch hinkt mit einem großen Schlüsselbund in der Hand an uns vorbei; im Wettlauf stürzen die Wartenden die Treppen hinauf hinter ihm her. Vier Treppen; eine alte Dame und ich, mit dir auf der Hüfte, kommen als letzte oben an. Der Gang ist voller Menschen, die Bank vor Zimmer Nummer 50 schon besetzt. Sechs Leute vor uns; mit etwas Glück sind wir in einer Stunde wieder draußen; vielleicht. Ein Türke bietet der alten Dame seinen Platz an. Auch mir würde er gern einen anbieten, sagt er mit einer entschuldigenden Geste in meine Richtung; aber er hat halt nur einen Platz zu vergeben. Ich lächle ihm ein »Danke trotzdem« zu. »So, komm mal vom Arm, Mütze runter, so, Mäntelchen aus, wird zu warm sonst, schau, wir legen das einstweilen ... unter die Bank, ist ja sonst klein Platz; magst du Tee?« – »Namnam!« Ach Kindchen, nicht jetzt, ich kann dir im Stehen nicht die Brust geben, nicht hier! »Komm, trink halt deinen Tee, hm, schau, das Bärchen trinkt auch, der Tee ist schön warm!« Du schiebst die Flasche weg; läufst durch die offenstehende Glastür am Ende des Flurs. »Tschuldigung, bin nach Ihnen dran, gleich wieder da!« Bär und Flasche in die Tasche, Tasche über die Schulter; die alte Dame nickt; du bist schon auf dem Weg nach oben. Ich sehe durchs Geländer zu dir hoch; du lachst mich durch die Längsstäbe an; oh, bitte nicht den Kopf durchstecken, rasch pflücke ich dich von der Treppe, trage dich zurück zum Zimmer Nummer 50. Ich schwitze, aber es gibt nichts, wo ich meinen Mantel ablegen könnte.

An der fensterlosen, gelblichen Wand ein Plakat: Knochenhand und Menschenhand, Gläser haltend, einander zuprostend: *»Schluck für Schluck kommt man sich näher!«* Du hast den Lichtschalter entdeckt. »Nicht knipsen, Liebes, sonst sitzen die Leute hier im Dunkeln!« Auf dem Boden ein überquellender Aschenbecher; eine Schwangere steht an den Türrahmen gelehnt. Um die Ecke kommt ein Mann; an seiner Hand baumelt ein Schlüssel am Band. »Da-da-auch!« sagst du. »Nein, da können wir nicht mit, ich weiß nicht, wohin der geht, aufs Klo vielleicht ...« – »A-a«, sagst du, verständnisvoll. »Ja; wahrscheinlich. A-a.« Du hast einen neuen Schalter entdeckt. »Ui, dein Auto, wie gut das hier rollt, auf dem glatten Fußboden!« Du lässt dich begeistern. Ich stehe gebückt; jählings öffnet sich eine Tür, eine Frau steigt mit vorwurfsvoll großem Schritt über dich; ich glaube, wir packen das Auto besser wieder ein. Auf der Bank ist eine Lücke entstanden; rasch drücke ich mich hinein, neben die alte Dame. Du kletterst auf meinen Schoß, rupfst mir am Kleid: »Namnam!« – »Bitte, Liebes, nicht hier!«

– »A-a!« – *A-a?* Jetzt? Ausgerechnet; also gut; komm! Tschuldigung, wir sind gleich wieder da, halten Sie bitte den Platz frei, ja? Danke!« Das Klo muss um die Ecke sein ... »Nur für Mitarbeiter«. Zwei Treppen runter; kein Klo. Vier Treppen runter, mit dir auf der Hüfte; kein Klo; der Informationsschalter ist nicht besetzt; ich öffne die Tür zum Kassenraum: »Tschuldigung, wo ist denn hier 'ne Toilette? ... Aber im ersten Stock waren wir doch schon ... Bitte? Ach so, links. Danke.« Zwei Treppen rauf, links; besetzt. »A-a!« Ich setze dich ab, schäle dich aus deinen Sachen. Das Klo wird frei. Und danach wollen die Windelklebestreifen nicht mehr halten, verflixt, wo ist die Ersatzwindel? Hatte doch eine eingesteckt, ist die rausgefallen oder was? Na egal, dann lassen wir die alte Windel mal offen; ist ja noch trocken und die Hose hält sie fest. »Ssumachen!« Windel zumachen geht nicht. »Ssumachen!« Gut, dann ganz ohne Windel, riskieren wir's. Kein Abfalleimer; ich wickle die Windel in Klopapier und lege sie auf den Waschbeckenrand. Hände waschen, Hose rauf, Hemd rein, Overall rauf, Arme rein, Reißverschluss zu, Kuss aufs Haar, komm.

Zwei Treppen rauf. Die alte Dame hat uns den Platz freigehalten; reicht dir ein Stück Schokolade; du lächelst; greifst zu.

Ich bedanke mich; hole das Bilderbuch aus der Tasche; fröhlich lutschend sitzt du auf meinem Schoß; ich lese vor und achte darauf, dass du der Dame nicht an die helle Jacke fasst mit deinen Schokofingerchen.

Du steckst das Buch in meine Tasche und holst die Geldbörse raus; sie fällt unter die Bank; ich bücke mich, du schlüpfst mir vom Schoß, läufst zur Schokoladendame. Sie bricht noch ein Stück ab von der Tafel; diesmal lässt sie das untere Ende in Silberpapier gewickelt. Du reißt das Papier kleinfetzig ab, hältst den Schokoriegel fest in der warmen Hand. Ich bücke mich. »Ach ja, die Kinderchen!« seufzt die Schokoladendame lächelnd.

Wir sind dran. »Möchten Sie zuerst?« Die Schokoladendame bedankt sich; drei Mal. *Mutter sein ist das größte Risiko für Altersarmut.* Wo hab' ich das gelesen, neulich? Ich bücke mich, sammle die Aluschnitzel vom Boden auf. Du bist fertig mit dem Schokoriegel und strebst wieder zum Lichtschalter. Wir sind dran. Ich stopfe mein Portemonnaie in die Tasche, hänge die Tasche über die Schulter, klemme Mützchen und Mäntelchen unter den linken Arm und hebe dich mit dem rechten auf die Hüfte, drücke mit dem Ellbogen die Tür zum Zimmer Nummer 50 auf; grüße, nenne meinen Namen, stelle dich ab. Ohne aufzusehen, deutet der Sachbearbeiter auf einen ungepolsterten Stuhl und sucht meine Akte raus. Ich hänge dein Mäntelchen über die Lehne, es rutscht runter, ich lege es unter den Sitz; schwitze, ziehe meinen Mantel aus, hänge ihn über die Lehne, stelle meine Tasche unter den Stuhl, setze mich und grabe das letzte Tempo aus der Tasche, um dir Mund und Hände zu säubern.

»Was gibt's, Frau Kenter!« (Der Herr Grob nennt mich beim Namen, das ist offenbar Vorschrift, und er fragt ohne die Stimme zu heben, ohne Fragezeichen.) – »Also, ich möchte mal nachfragen ... die Sozialhilfe wird mir ja immer zum Monatsersten überwiesen.«

– »Sie können froh sein, dass Sie Sozialhilfe kriegen.«

– »Ja, natürlich. Ich ...«

– »Stünden Sie dem Arbeitsmarkt voll zur Verfügung, bekämen Sie Arbeitslosengeld oder -hilfe. Freilich wär' das besser.«

– »Ich wollte nur sagen, für diesen Monat hab' ich noch kein Geld bekommen, und heute ist schon der Achtzehnte.«

(Du kletterst mir auf den Schoß, zupfst an meinem Kleid; ich zeige dir den Kugelschreiber, der, gesichert mit einer Silberkette, in einem schweren Ständer auf dem Schreibtisch steht; wackle damit; du niest, ich putze dir die Nase mit dem zerknüllten Schoko-Tempo.)

– »Ja, also, das wird jetzt nicht mehr überwiesen, Frau Kenter, das müssen Sie jetzt immer selbst abholen.«

– »Was? Wieso denn das?«

(Du malst mit dem Kuli auf dem Tisch; ich schiebe dir einen Formularvordruck als Unterlage hin.)

– »Ja, das hat technische Gründe, Frau Kenter, das geht nicht mehr.«

– »Aber das ging doch bisher immer.«

– »Ja, da ist was umgestellt worden, Frau Kenter; EDV. Arbeiten tun Sie aber noch nicht wieder.«

(Das Kettchen hat sich aus der Halterung gelöst, der Stift fällt zu Boden; ich hebe ihn auf und lege ihn auf den Tisch neben einen herumliegenden Stempel.)

– »Doch; manchmal; stundenweise! Aber das wissen Sie ja!«

(Du hast den Stempel gegriffen; damit du nicht auf den Tisch stempelst, halte ich meine Hand hin; du stempelst meine Hand.)

– »Soso, stundenweise. Und wieso erreicht man Sie dann so schwer, Frau Kenter. Neulich hab' ich's ja oft probieren müssen.«

– »Wieso haben Sie keine Nachricht auf dem Anrufbeantworter hinterlassen?«

(Du willst runter von meinem Schoß.)

– »Ja, Frau Kenter, ich wollte Sie ja persönlich erreichen. Und Ihr Anrufbeantworter, der ist ja immer an, sogar nachts; den haben Sie doch nicht eingeschaltet, wenn Sie daheim sind, oder.«

(Der Herr Grob fragt immer ohne Fragezeichen in der Stimme.)

– »Ich muss erreichbar sein. Wer nicht erreichbar ist, verliert den Auftrag. Alle haben jetzt so 'n Ding. Und wenn ich die Kleine bade oder ins Bett bringe ...«

(Aus einer halb offenstehenden Schublade holst du, von meinem Schoß aus weit nach vorn gebeugt, Büroklammern heraus.)

– »Aber Sie stehen doch in keinem Arbeitsverhältnis, Frau.«

(Ab jetzt nennt er mich nicht mehr beim Namen.)

– »Wie oft soll ich's denn noch erklären, ich bin Freiberuflerin, arbeite stundenweise; mehr geht ja noch nicht, mit dem Kind; aber das wissen Sie doch alles. Und die Abrechnungen, die schicke ich Ihnen ja auch jeden Monat zu!«

– »Ja, Frau, eben: da verdienen Sie mal zweihundert, mal dreihundert Mark, und letzten Endes können wir Ihnen dann doch nie was abziehen von der Hilfe ...

(Du stößt mir dem Kopf gegen die Kante des Tisches; weinst.)

... weil Sie da ...

(Ich nehme dich fest in den Arm, streichle deinen Kopf.)

... weil Sie mir da immer einen Haufen Quittungen schicken für Fahrt- und Betreuungskosten, und da bleibt ja nie was übrig.«

(Du schreist noch immer, ich streichle dich weiter, wiege dich auf meinem Schoß.)

– »Aber ich kann die Kleine doch nicht mitnehmen zur Arbeit!

Wie soll ich arbeiten, ohne dass jemand sie hütet?«

– »Und der verlangt zehn Mark in der Stunde, der Babysitter da.«

(Dein Weinen lässt nach; doch zum Trost willst du die Brust. Ich drücke dich an mein Kleid. Nicht jetzt, bitte.)

– »Ich bin froh, dass es mir gelungen ist, so 'ne nette und zuverlässige Babysitterin zu finden! Aber wieso rufen Sie ständig bei mir an?«

– »Reine Routineüberprüfung.«

– »Was soll denn das? ...

(Du zupfst an meinem Kleid.)

... Ich geh' zum Spielplatz, zum Einkaufen, zum Kinderarzt, zum Casting, zur Arbeit, ist das verboten?«

(Du zupfst heftiger an meinem Kleid. Nein, nicht jetzt!)

– »Und dabei wollen Sie aber nichts verdienen.«

(Herr Grob ist zu anredefreien Sätzen übergegangen.)

– »Ich hab' zwei Jahre pausiert, ich muss doch erstmal wieder Kontakte knüpfen; auch wenn vom Verdienst kaum was übrig bleibt! Theaterspielen geht nicht mehr, mit Kind, allein. Also bemüh' ich mich um einen Quereinstieg als Sprecherin; das ist nicht so einfach!«

– »Und als Tagesschausprecherin wollen Sie nichts verdienen.«

– »Nicht Tagesschau. Synchron.«

– »Naja. Ich kann Ihnen ja nichts beweisen.«

– »Ich hab' nur noch zehn Mark. Ich brauch' das Novembergeld ...

(Du greifst nach einem Formularberg auf dem Tisch; der ganze Stapel stiebt zu Boden.)

... Heute! Und aus den Abrechnungen, die ich Ihnen jeden Monat schicke ...

(Ich sammle die Blätter wieder auf.)

... geht mein Einkommen hervor.«

(Ich gebe dir eines der Blätter und staple die anderen außerhalb deiner Reichweite wieder ordentlich auf den Tisch.)

– »Ja nein, Ihr Einkommen ändert sich ja ständig; das muss ja jeden Monat neu ausgerechnet werden, was Sie jeweils von uns bekommen.«

(Du kaust an dem Papier herum.)

– »Aber das können Sie doch anhand der Belege ausrechnen, dazu muss ich doch nicht extra herkommen mit dem Kind und Ihnen beim Rechnen zuschauen! Außerdem, wer zahlt mir die Fahrtkosten? Die sind auch nicht im Regelsatz drin!«

(Du verschluckst dich an einem Papierfetzchen; hustest. Ich klopfe dir auf den Rücken; komm, mach die Arme hoch, ja, so, spuck' s aus!)

– »Also, wenn wir mit jedem hier so viel Rechenarbeit hätten wie mit Ihnen.«

(Du würgst das feuchte Krümelchen in meine Hand. Ich stehe mit dir auf der Hüfte auf, um es in den Abfallkorb zu werfen, mitsamt dem feuchten Knülltuch, das ich noch in der Hand halte.)

– »Das ist schon auffällig: Kurz nachdem das Gericht für mich entschieden hat und Ihre Behörde zu Nachzahlungen verurteilt, wegen der Heizkosten, unmittelbar danach stellen Sie die laufenden Zahlungen an mich ein. Das ist doch auffällig, finden Sie nicht?«

– »Ja, das hat ja damit nichts zu tun.«

– »Das Heizungsgeld ist auch noch nicht auf meinem Konto.«

(Wir setzen uns wieder.)

– »Also bitte, meinetwegen, wir können auch weiter überweisen, aber immer frühestens zur Monatsmitte, weil das technisch ...«

– »Jaja. Ja. Und bitte ...

(Du kletterst von meinem Schoß und läufst durchs Zimmer, rüttelst am Aktenschrank; ich ziehe dich sanft weg.)

... geben Sie mir heute 'ne Barauszahlung; ich kann nicht mal mehr Windeln kaufen ...

(Der Herr Grob antwortet nicht.)

(Du stehst vor der offenen Schreibtischschublade und pickst Büroklammern heraus.)

... Hören Sie, Vergraulen nützt nichts; ich bin auf die Sozialhilfe angewiesen; is' eh alles schwierig genug.«

– »Ja bleiben Sie doch daheim, Sie müssen ja nicht arbeiten!«

– »Also das ist ... also ... halt!!«

(Halt, nicht die Büroklammer in der Mund stecken; Herzlein, komm wieder auf den Schoß, schau so, ich zwick dir ein Papierchen zusammen, so kannst du machen, schau!)

– »Oh, ähm, bevor ich's vergess': Meine Waschmaschine ist kaputt, ich möchte einen Antrag auf Übernahme der Reparaturkosten stellen.«

– »Waschmaschine?! ...

(Diesmal fragt Herr Grob mit Frage- und Ausrufezeichen.)

... Aber Sie haben ja gar kein Anrecht auf eine Waschmaschine!«

(Du zupfst die Klammer wieder ab vom Papier, gibst sie mir.)

– »Geht ja auch nur um die Reparaturkosten.«

– »Die sind im Regelsatz drin.«

– »Da sind nur ‚geringfügige Kosten' drin; aber schon die Anfahrt vom Installateur ist ja mehr als ‚geringfügig'. Und Auto hab' ich auch keins; ich kann das Ding doch nicht untern Arm klemmen und irgendwo hintragen!«

– »Ja, was ist denn kaputt an der Maschine da.«

(Die Büroklammer fällt runter; du beugst dich weit von meinem Schoß; vergisst die Klammer; spielst mit dem Reißverschluss meiner Handtasche.)

– »Spuckt Wasser, bei jedem Schleudern.«

– »Aber waschen tut sie noch.«

– »Schon.«

– »Na, das ist ja dann nicht so schlimm.«

– »Was? Soll ich jetzt auch noch jede Woche vier Maschinen mit der Hand auswinden?«

– »Also, Frau, wir haben hier mehrere Damen, die arbeiten und haben Kinder und waschen ihre Wäsche mit der Hand. Anrecht auf Waschmaschine erst ab zwei Kindern; keine Maschine, keine Reparatur; Sie haben ja Ansprüche!«

– »Ich habe Rechte. Schwierig genug, sie wahrzunehmen.«

– »Sie stellen hier Ansprüche, die ...«

– »Nein, ich stelle Anträge. Heute auf Übernahme von Reparaturkosten, die nicht im Regelsatz enthalten sind. Wir können gern auch wieder vor Gericht.«

– »Ja also mir ist das gleich, vielleicht wird's ja bewilligt, mir kann das gleich sein; da ist Ihr Antrag, hier, unterschreiben.«

(Dein Kopf ist an meine Brust gesunken.)

(Wortlos überreicht der Herr Grob mir den Schein für die Barauszahlung.)

– »Danke. Wiedersehn.«

(Stumm heftet der Herr Grob meinen Antrag ab.)

Du atmest so tief ... oje ... bist eingeschlafen auf meinem Schoß, gerade jetzt! Ich schlüpfe mit einem Arm in meinen Mantel, bücke mich vorsichtig, nehme Tasche und Mäntelchen vom Boden, öffne die Tür, gehe hinaus, lasse sie offen, zaghaft klopft die Nächste trotzdem an. Vorsichtig wecke ich dich auf; du verziehst das Gesicht. Ich setze dich ab; schlüpfe auch mit dem anderen Arm in meinen Mantel; vier Treppen hinunter, langsam, mit dir an der Hand. Tapptapp, tapptapp, gehst du. Meine Knie sind weich.

Plötzlich fällt mir ein, was ich träumte heute Nacht.

Ich war verurteilt wegen eines Sexualdelikts. Das ich gar nicht als Vergehen empfand. Aber ich sollte hingerichtet werden; denn es war strafbar, ein Kind zu haben, allein; und erschrocken dachte ich: Wer soll nun für die Kleine sorgen?

Tapptapp, tapptapp, gehst du an meiner Hand. Im Kassenraum eine Schlange von Wartenden. 231 Mark Miete, 72 Mark Heizung, 30 Mark Versicherungen. Und zum Leben, zum Essen Trinken Kochen Waschen Bügeln Windelkaufen Po-Eincremen Zeitunglesen Briefe schreiben Licht einschalten Kinderarzt anrufen Kontaktlinsen pflegen für Trambahn und Schuster für Hustensaft und Klopapier für Katzenfutter Zahnbürste Bücher zersprungene Teekanne ersetzen Heizlüfter reparieren Pulswärmer stricken Teppich reinigen Glühbirnen erneuern für Zoobesuch Karussell fahren Eis spendieren und Auas mit Pflaster versorgen? 342 Mark zahlt Papa Staat für mich; 153 Mark zahlt er für dich. 207 Mark Alimente und Kindergeld (50 Mark) zieht er dir wieder ab; macht ein Minus, oder?

In diesem Monat kamen die Alimente; manchmal kommen sie nicht; abgezogen werden sie immer von der *Hilfe*.

Es ist halb zehn. Ich fische einen Kronkorken und eine leere Zigarettenschachtel aus dem Buggy; kein Papierkorb; angeekelt stecke ich alles in die Manteltasche. Um zehn wäre das Casting für eine Fernsehrolle; aber vorher müsste ich noch nach Hause und dich zu einer Freundin bringen. Zu spät; das schaffe ich eh nicht mehr; und es wär' ja auch ein Auswärtsdreh; wer sollte dich da hüten; Babysitterin Barbara ist morgens noch in der Schule; und sonst ist ja niemand da. Ach, komm, wir gehen gemütlich nach Hause.

In der Fußgängerzone bayerische Volkslieder. Zwei Burschen in Lederhosen. Gitarre, Akkordeon. Breite Schultern, großes Lächeln, weiße Zähne, kraftvolle Stimmen. Viele Leute drum herum im Halbkreis. Es ist sonnig geworden. Herbstmildleuchtend.

Ich bleibe stehen. Du klatschst in die Hände zur Musik, hüpfst im Buggy, streckst die Ärmchen aus. Ich nehme dich auf die Hüfte. Wir tanzen. Ich halte dich fest, und die Tasche mit unserem Geld.

»Oh mei, Madl, wos fangst denn etz o,
hosd a gloas Kind und koan Mo ...«

»Mama«, sagst du, »A-a. A-a.«

Und ich gehe rasch beiseite mit dir und beeile mich, dein Mäntelchen zu öffnen, denn du bist ja ohne Windeln.

»... hosd a gloas Kind und koan Mo ...«

(Im Jahr 2014 sind fast 40% aller Alleinerziehenden mit minderjährigen Kindern (insgesamt rund 1,6 Mio.) auf staatliche Leistungen angewiesen. Rund 90% der Alleinerziehenden sind – immer noch – Frauen.[3])

»Hartz IV entstand nicht über Nacht, sondern war ein groß angelegtes Elitenprojekt, das der Öffentlichkeit trotz seiner privatwirtschaftlichen Provenienz und seiner neoliberalen Orientierung mit Hilfe der Hartz-Kommission als sachlich fundiertes Programm zur Verringerung der (Langzeit-) Erwerbslosigkeit präsentiert wurde.« [4]

Christoph Butterwegge, 2015

2. KAPITEL
FÜNF VOR HARTZ IV

HARTZIGE HISTORIE

Skandal im Arbeitsamt

Skandal um geschönt-gefälschte Vermittlungsstatistiken der Arbeitsämter! Da muss sich was ändern! Die Bundesanstalt für Arbeit muss neu organisiert werden! Und so beruft die Bundesregierung – SPD und Bündnis 90/Die Grünen – im Februar 2002 eine Kommission zur Entwicklung eines entsprechenden Konzeptes.[5] Die Leitung der Kommission übernimmt der Manager Peter Hartz.

Hartz ist Personalvorstand und Vorstandsmitglied der Volkswagen AG und SPD-Mitglied, wird zum Namensgeber der »Hartz-Gesetze« (I–IV) und 2005, im Zusammenhang mit der »VW-Korruptionsaffäre«, wegen Untreue in 44 Fällen angeklagt hat. Die Punkte 21 bis 44 der Anklage betreffen Spesenmissbrauch, Prostituierte und Lustreisen. Sie betreffen auch das Jahr 2002, in dem er das »Hartz-Konzept« entwickelt. 2007 wird Peter Hartz zu einer Freiheitsstrafe von zwei Jahren auf Bewährung und einer Geldstrafe von 360 Tagessätzen à 1600 Euro rechtskräftig verurteilt.[6]

Die sonderbare Kommission

Der Kommission *Moderne Dienstleistungen am Arbeitsmarkt* gehören 15 stimmberechtigte Mitglieder an. Außer dem später verurteilten Straftäter sind stimmberechtigt:

- ein Vorstandsmitglied (DaimlerChrysler Services AG)
- ein Geschäftsführer (Market Access for Technology Services GmbH)

- der Bezirksleiter der IG Metall NRW
- ein Vorstandsmitglied der BASF AG
- der Abteilungsleiter Personal Deutsche Bank AG
- ein Landesarbeitsamts-Präsident
- ein Landes-Arbeitsminister
- ein Bürgermeister
- zwei Professoren
- der Generalsekretär des Zentralverbandes des Deutschen Handwerks
- ein Mitglied des ver.di-Bundesvorstandes (die einzige Frau unter 14 Männern)
- ein Unternehmensberater von Roland Berger Strategy Consultants
- der Direktor der McKinsey & Company Düsseldorf

Kaum vertreten sind Frauen und Gewerkschaften, gar nicht vertreten sind unmittelbar Betroffene. Keine Betriebsräte, keine Erwerbslosen-Initiativen. Im Wesentlichen besteht die Kommission also aus männlichen Unternehmensvertretern und -beratern.[7]

Die Aufgaben der Kommission

Die Kommission hat zwar nicht den Auftrag, Vorschläge zu unterbreiten, die außerhalb des Handlungsbereichs der Bundesanstalt für Arbeit liegen; schon gar nicht hat sie den Auftrag, ein umfassendes Konzept zur Arbeitsmarkt- und Beschäftigungspolitik vorzulegen, sieht das aber nicht so eng und macht sich an die Arbeit, unterstützt von der Bertelsmann-Stiftung, die sich schon seit Längerem mit Fragen zur Reform der Arbeitslosen- und Sozialhilfe beschäftigt,

Vorträge, Reisen und Workshops organisiert und in (nicht öffentlichen) Arbeitsgruppen bereits gründliche (und nicht protokollierte) Vorarbeit geleistet hat, u. a. mit einem Papier zu dem oben genannten Reformprojekt.

Ein schöner Tag

Am 16. August 2002, bei einer Feierstunde im Französischen Dom zu Berlin, stellt Peter Hartz das 343 Seiten dicke Konzept zur Reform des deutschen Sozialsystems und Arbeitsmarktes vor, wenige Monate, nachdem er den Vorsitz der Kommission *Moderne Dienstleistungen am Arbeitsmarkt* übernommen hatte.[8] Er sagt: »Heute ist ein schöner Tag für die Arbeitslosen in Deutschland!«[9]

Unter dem Motto »Mut zum Frieden und zur Veränderung« verkündet Bundeskanzler Gerhard Schröder am 14. März 2003 in der Regierungserklärung die Agenda 2010. Er sagt: »Wir werden Leistungen des Staates kürzen, Eigenverantwortung fördern und mehr Eigenleistung von jedem Einzelnen abfordern müssen!«[10]

Herzstück der Agenda 2010: *Hartz IV. Heart's Fear.*

HEART'S FEAR

Wer – nach der gloriosen Feierstunde im Jahr 2002 – sich einen Überblick über die neuen Gesetze verschaffen will (oder muss), hat gut zu tun:

SGB II, SGB III, SGB XII, Leistungsträger, Leistungsanspruch, Leistungsberechtigte, Auffangversicherungspflicht, Vorpflichtversicherung, Versicherungsleistung, Unterstützungsleistung, Transferleistung, Ermessensleistung, Eingliederungsleistung, Entgeltersatzleistung, Leistungsbezug, Arbeitsagentur, ARGE, Arbeitsvermittlung, Arbeitsförderung, Arbeitsbeschaffungsmaßnahmen, Arbeitsgelegenheit mit Mehraufwandsentschädigung, Subsidiaritätsprinzip, soziokulturelles Existenzminimum, Mindestsicherungssystem, Hilfe zum Lebensunterhalt, Lebensunterhaltsbedarf, Einmaliger Bedarf, Laufender Bedarf, Besondere Bedarfe, Arbeitslosengeld, ALG II, Grundsicherung für Arbeitsuchende, Grundsicherung im Alter, Grundsicherung bei Erwerbsminderung, Sozialhilfe, Sozialgeld, Arbeitsgemeinschaft, Bedarfsgemeinschaft, Verantwortungs- und Einstehensgemeinschaft als Unterfall einer Bedarfsgemeinschaft, Schonvermögen, Antrag, Hauptantrag, Weiterbewilligungsantrag, Bescheid, Mitwirkungspflicht, Sperrzeit, Zumutbarkeitskriterien, Grund- und Meldepflichten, Verwaltungsakt, Ortsanwesenheitspflicht, Eingliederungsvereinbarung, Ermessensspielraum, Ermessensabwägung, anrechnungsfähiges Einkommen, Durchführungsverordnung, Regelbedarfsermittlungsgesetz, Regelsatzverordnung, Regelbedarfsstufen, Eckregelsatz, Bußgeldregeln.

Wer sich einen Überblick über die neuen Gesetze verschaffen will, sieht sich bald in einem Dickicht von Begrifflichkeiten gefangen.

Wichtig ist hier nur dies:

Mit der Agenda 2010 wird das bisherige Arbeitslosengeld, eine beitragsfinanzierte Versicherungsleistung, zum Arbeitslosengeld (»ALG I«). Der Bezug ist erschwert und zeitlich beschränkt.

Das neue Arbeitslosengeld II, kurz ALG II, wird als »Hartz IV« bekannt. (»Viertes Gesetz für moderne Dienstleistungen am Arbeitsmarkt«.) ALG II ist eine steuerfinanzierte Fürsorgeleistung für erwerbsfähige Bedürftige und hat mit der bisherigen Arbeitslosenhilfe wenig bis nichts zu tun.

Anspruch auf ALG II besteht, wenn Einkünfte nicht vorhanden sind oder unter dem ALG-II-Satz liegen (z. B. Niedriglöhne); außerdem bei fehlendem Anspruch auf ALG I (so bei vielen »Freelancern«, Bühnen- und Medienschaffenden) oder wenn (bei Bezug von ALG I) das Arbeitslosengeld unter dem ALG-II-Satz liegt.

ALG II muss alle sechs Monate neu beantragt werden; der Antrag ist mit zahlreichen Nachweispflichten und Auflagen verbunden.

ALG II-Zahlungen sind vermögensabhängig, die Grenzen für etwaige Rücklagen niedrig. Wer nach jahrzehntelanger Erwerbsarbeit arbeitslos wird, ist nun gezwungen, Lebensversicherungen aufzulösen und mühsam ersparte Rücklagen aufzubrauchen, bis auf das sogenannte Schonvermögen in Höhe von rund 150 Euro pro Lebensjahr.

Wer ALG II beantragt, muss die persönlichen Vermögensverhältnisse und Bankdaten in vollem Umfang offenlegen.

Wer mit ALG II-Beziehenden zusammenlebt, wird, auch wenn selbst nicht bedürftig, zur Bedarfsgemeinschaft erklärt und muss ebenfalls alle Daten preisgeben.

Jede arbeitslose Person kann nun zu jeder Arbeit, die nicht als sittenwidrig gilt, verpflichtet werden. Qualifikation und früheres Einkommen spielen keine Rolle mehr. Die Nichtannahme zugewiesener Tätigkeiten hat existenzbedrohende Leistungskürzungen zur Folge, bis hin zum kompletten Geldentzug.

»Es geht nicht um Bestrafung. Es geht hier darum, entlang von Zumutbarkeiten Gestaltung vorzunehmen.« [11]

Gerhard Schröder, Bundeskanzler, SPD, 2002

PS: Bei *Grundsicherung im Alter* beträgt das *Schonvermögen* bis zum Jahr 2017 maximal 2600 Euro; das reicht nicht mal für Brille und Gebiss.

Mary Poppins' Zaubertasche oder: Geh an die Orte, die du fürchtest

13. November 2003. Drei Tage in Stufenlagerung verbracht. Die Bandscheibe, wieder mal. Ich kämpfe mich aus dem Bett. Kämpfen, ach ja; manche überleben, weil sie kämpfen, manche sterben daran; manche überleben, obwohl sie kämpfen, manche sterben, obwohl sie sich fügen und manche, weil. Fleiß ist nicht immer eine Tugend, Faulheit bedeutet nicht immer den Untergang. Und egal, wie sehr man sich bemüht und wie viel man schon gewendet hat, alles kann man nicht wenden.

Geh an die Orte, die du fürchtest. Oder tripple; Schrittchen für Schrittchen. Die S-Bahn kommt eine Viertelstunde zu spät; aber sie kommt; unerbittlich. Ich will da nicht hin; ich will da nicht noch mal hin, nach 20 Jahren. Ich gehör' da nicht hin. Oder doch?

Auch in der Kreisstadt ist es grau an diesem Tag. *Landratsamt?* Ein alter Herr schickt mich zum Rathaus. Gut, dass ich immer so früh aufbreche. Noch heißt das, wo ich hin muss, *Arbeitsamt,* demnächst wird es zur *Agentur für Arbeit.* Ich fühle mich wie in einem dieser Träume, wo man im Nebel umherirrt. Wie in einem dieser Träume, wo man zu spät dran ist, kaum die Füße heben kann, den Weg nicht findet, und auch nicht dorthin will, wo man hinsoll. Die *Bundesanstalt für Arbeit* wird bald in *Bundesagentur für Arbeit* umbenannt; klingt auch besser, gesünder irgendwie, dynamischer, moderner. Schöner halt. Euphemistischer.

Na endlich. *Landratsamt.* Gut, dass ich immer so früh aufbreche.

Der Gärtner weist mir den Weg. (Ob der wohl *gemeinnützig* arbeitet?) Links, Treppe hoch, geradeaus. Hübsch, sauber, modern, an der Wand ein Bild; Sonnenblumen von van Gogh. Van Gogh hatte kein Geld, um sich Farben zu kaufen, der arme Kerl; hat gehungert, gefroren und sich das Ohr abgeschnitten. Hier ist es angenehm warm. Besser als auf dem mit Menschen und überquellenden Aschenbechern vollgestopften, kaltstinkigen Flur beim *Sozialamt-Mü-Mi-I* Anfang der 80er; viel besser.

Vielleicht ist ja alles viel besser jetzt.

Unter den Sonnenblumen sitzen zwei Männer. Zimmer Nummer sieben. Ich klopfe an, nenne meinen Namen. »Ich hab' einen Termin.« – »Warten Sie draußen!«

Die Männer halten eine sonderbare Zwiesprache; der eine seufzt, nicht ungeduldig, eher ergeben; der andere lacht, wissend. Und ich? Bin sonst wirklich immer pünktlich. Vielleicht muss ich ja gar keinen Antrag stellen; ist ja nur ein Vorgespräch heute; vielleicht ...

Ich werde aufgerufen. Drei Damen im Zimmer, alle Anfang 20. Frau Süß begrüßt mich freundlich, sieht mir ins Gesicht; nicht so wie der Herr Grob von *Mü-Mi-I,* der seinen Schreibtisch anstarrte, während er mir die Heizkosten vorenthielt und ich meine Kleine davon abzuhalten versuchte, Büroklammern zu essen. Im Januar könnte es mich erwischen. Ich war lange krank, ohne Anspruch auf Krankengeld; und ein Auftraggeber hat Pleite gemacht; da steht noch eine große Summe aus; vielleicht kommt sie ja noch. Aber vorsichtshalber wollte ich mich doch schon mal erkundigen ...

Anspruch auf *Arbeitslosengeld?* Nein, nicht für Selbstständige wie mich. Anspruch auf *Arbeitslosenhilfe?* Die *Hilfe* gibt's ja bald nicht mehr; ändert sich ja gerade alles; *ALG II* heißt das bald.[12]

Ach so. Alles neu. Alles anders.

Kosten der Unterkunft? Oh. Aber die Wohnung ist günstig! Egal, die Wohnung ist zu groß; ich soll untervermieten. Aber in dem großen Zimmer gebe ich doch Yogaunterricht! Egal, erstattet werden höchstens 370 Euro Miete, denn ich bin keine *Ich-AG*. Kann ich nicht eine werden? Nein, weil ich als Selbständige sozusagen schon immer *Ich-AG* war.

»Tut mir leid.« Frau Süß zeigt sich mitfühlend; das ändert aber nichts daran, dass mir mit der staatlich geforderten Untervermietung die Möglichkeit flöten geht, nebenberuflich Yoga zu unterrichten (was gerade heute, da ich kaum sitzen kann, eher unglaubwürdig erscheint). Unangemessener Wohnraum wird nicht bezahlt. Ich solle doch eine kleine Sozialwohnung beantragen. Keine Chance: Als ich nach 27 Jahren in München zwecks Kostenreduzierung mal für zwei Jahre aufs Land gezogen bin, hab' ich den Anspruch verloren; inzwischen wohne ich wieder im Großraum München. Ich solle nicht traurig sein, so die Kollegin von Frau Süß, denn es gäbe ja nicht mal genug Sozialwohnungen für all die Obdachlosen; also bekäme ich, selbst wenn ich theoretisch Anspruch auf eine hätte, praktisch ja trotzdem keine. Ermessensspielräume auslotend, spitzt Frau Süß die Lippen: Na ja, für drei Monate, höchstens, würden die vollen Wohnkosten gegebenenfalls eventuell schon übernommen, ich müsse aber selbstverständlich unbedingt nachweisen, dass ich mich nach besten Kräften um Untervermietung bemüht hätte. Sonst noch Fragen? Wie es mit der Übernahme der Beiträge zur berufsständischen Altersvorsorge steht? Die Damen wiegen die Köpfe. »*Härtefallregelung?*« schlägt die eine vor. »Sind ja nur zwölf Euro im Monat«, werfe ich ein. »Vielleicht«, zögert die andere. »Aber nicht sicher«, warnt die dritte. »Ändert sich ja gerade alles«, seufzt die zweite. »Das müsste man dann im Ernstfall noch mal überprüfen«, fügt die erste an. »Wenn es aktuell ist«, schließt Frau Süß. – »Und wie ist das mit dem Kindergeld?« – »Kindergeld wird angerechnet auf die staatlichen Leistungen.« – »Also abgezogen?« – »Äh, naja, ja.« – »Das heißt, die Millionäre dürfen's behalten und den Armen wird's wieder weggenommen?« – »Ähm, tja...« – »Aber das Kindergeld überweise ich immer an meine Tochter, sie studiert; BAföG reicht ja nicht zum

Leben.« – »Ihre Tochter studiert?« (Die erstaunte Betonung liegt auf *Ihre.*) »Ja.« – »Und die wohnt bei Ihnen?« – »Nein.« – »Weil, sonst wären Sie ja dann eine Bedarfsgemeinschaft.« – »Nein, sie wohnt in einer anderen Stadt.«

Die Damen denken nach. »Können Sie die Überweisungen belegen?« – »Lückenlos.« – »Na dann«, sagt die Dame am Fenster; »Sie müssen ja dann sowieso noch alles belegen.« – »Trotzdem«, fügt Frau Süß hinzu; »fragen Sie besser noch mal nach, wenn es soweit ist.« – »Weil, es ändert sich ja gerade alles«, schließt die dritte.

345 Euro, plus *Kosten der Unterkunft*, kurz *KdU;* 345 Euro im Monat.

Und *Einmalige* Beihilfen? Abgeschafft. Extrageld für Winterstiefel gibt's nicht mehr. Strompauschale, Warmwasserkosten und Winterstiefel sind im neuen *Eckregelsatz* schon drin. Der *Hartz-IV-Eckregelsatz* scheint so was zu sein wie die Zaubertasche von Mary Poppins; alles drin, was niemals drin sein kann; auch Waschmaschinen, Winterstiefel, Fahrräder, Computer, Haustiere, Medikamente, Kühl- und Gefriergeräte, Teppiche, Zahnersatz und Brillen. In einer Liste stand sogar was von Pelzmänteln und Yachten.

Die Telefon-Grundgebühren-Befreiung ist abgeschafft; stattdessen gibt's einen Sieben-Euro-Telefonzuschuss pro Monat. Und Erlass der GEZ-Gebühren. Auf Antrag. Nach Vorlage des *ALG II*-Bescheides.

Und was ist mit den Beiträgen für Mieterverein und Gewerkschaft, Haftpflicht- und Hausratversicherung? Die Klärung der Frage schiebe ich auf, aus Furcht vor der Antwort.

An Orten der Angst umarmt man Gespenster. Manche sind dann überraschenderweise sogar recht nett.

Ob es mit der Zeit, je mehr Gespenster man umarmt, umso leichter wird? Oder kommen dann womöglich immer mehr Gespenster?

3. KAPITEL

JETZT SCHLÄGT'S HARTZ IV

»Wir haben einen der besten Niedriglohnsektoren aufgebaut, den es in Europa gibt.« [13]

Gerhard Schröder, Bundeskanzler, 2005

Der Aufbau eines Niedriglohnsektors war das erklärte und gefeierte Ziel der rot-grünen Hartz-Architekten.

Allerdings, grammatikalisch richtig wäre gewesen: »Wir haben einen der besten Niedriglohnsektoren aufgebaut, *die* es in Europa gibt« oder »Wir haben *den* besten Niedriglohnsektor aufgebaut, *den* es in Europa gibt«.

Hatte Schröder etwa zuvor an einer kontraproduktiven *Maßnahme* teilgenommen?

Anruf bei der Arbeitsagentur

»Willkommen in Ihrer Agentur für Arbeit!

Sehr geehrte Kunden und Kundinnen, zurzeit sind alle Leitungen belegt. Bitte versuchen Sie es später noch einmal.«

»Laut der BA dient die faktische telefonische Nichterreichbarkeit der Jobcenter-Mitarbeiter dazu, einen reibungslosen Behördenablauf sicherzustellen. Die tägliche Arbeit könne so ungestört von telefonischen Anfragen durchgeführt werden.«[14]

Und hier noch einige Informationen zum neuen Arbeitslosengeld II:

Eingliederungsvereinbarung

Die Eingliederungsvereinbarung, kurz *EV*, dient der Eingliederung arbeitsloser Personen in den Arbeitsmarkt. Die *EV* ist ein Vertrag zwischen Arbeit suchenden Personen und der Agentur für Arbeit.

Die Unterschrift unter die *EV* ist freiwillig. Wird die freiwillige Unterschrift verweigert, so wird die *EV* als Verwaltungsakt angeordnet.

Nichtbefolgung des Verwaltungsaktes zieht Sanktionen nach sich. Sanktionen sind Kürzungen sowohl des Lebensminimums als auch der Miete bis zum gänzlichen Wegfall jedweder Hilfe, einhergehend mit dem Erlöschen des Krankenversicherungsschutzes.[15]

GANZ EINFACH EINEN ANTRAG STELLEN

»Wer nicht zurechtkommt, soll mich anrufen!«[16]

Wolfgang Clement, Wirtschaftsminister, SPD, 2004

Auf den Internetseiten der Arbeitsagentur unter *Formulare für Bürgerinnen und Bürger* finden Sie alle nötigen Vordrucke; damit können Sie ganz einfach einen Antrag auf *ALG II* (oder *ALG 2*) stellen.

- Hauptantrag *Arbeitslosengeld II*
- Ihr persönliches Schreiben zum Antrag (Erläuterung der Notsituation)
- Kopie Ihres Personalausweises oder Reisepasses
- Meldebescheinigung
- Anlage WEP: *für eine weitere Person ab 15 Jahren in der Bedarfsgemeinschaft*
- Anlage KDU: *zur Feststellung der angemessenen Kosten der Unterkunft und Heizung*
- Weitere Anlagen zur Anlage KDU:

  Nachweis der Mietkosten: Mietvertrag

  Nachweis der Mietnebenkosten: aktuelle Betriebskostenabrechnung
- Anlage EK: *zur Feststellung der Einkommensverhältnisse jeder in der Bedarfsgemeinschaft lebenden Person*
- Anlage VM: *zur Feststellung der Vermögensverhältnisse der Antragstellerin/des Antragstellers und der in der Bedarfsgemeinschaft lebenden Personen* (Ha! »Vermögen«!)

- Weitere Anlagen zur Anlage VM:

  Aktueller Steuer- oder Einkommenssteuerbescheid

  Kontoauszüge der letzten drei Monate

  Finanzstatus: Ausdruck aktueller Kontostände

  Nachweis nicht verwertbarer Altersvorsorge (z. B. eine Lebensversicherung, die erst im Jahr 2050 fällig wird)

  Sparverträge (maximales Schonvermögen: 150 Euro pro Lebensjahr)

  Einkommensbescheinigung

  Arbeitsbescheinigung

- Anlage EKS: *zur vorläufigen oder abschließenden Erklärung zum Einkommen aus selbständiger Tätigkeit, Gewerbebetrieb oder Land- und Forstwirtschaft im Bewilligungszeitraum* (das Formular »Hinweise für Selbstständige« hilft Ihnen dabei)

- Anlage KI: *für ein Kind unter 15 Jahren in der Bedarfsgemeinschaft* (für jedes Kind ein gesondertes Exemplar)

- Anlage VE: *zur Überprüfung, ob eine Verantwortungs- und Einstehensgemeinschaft (»eheähnliche Gemeinschaft«) vorliegt* (heißt: gibt es einen Kerl, der Sie finanziert?)

- Anlage SV: *Sozialversicherung der Bezieherinnen und Bezieher von Arbeitslosengeld II*

- Mitteilung über Veränderung *ALG II* (bei Umzug, Arbeitsaufnahme, Lottogewinn)

  Und, zum Ablauf des sechsmonatigen Bewilligungszeitraums:

- Abschließende Angaben zum Einkommen Selbstständiger

- Weiterbewilligungsantrag *ALG II*

Für Sonderfälle gibt es noch einige andere Formulare:

- Anlagen HG, MEB, BEBE, UH1, UH2, UH3, UF und
- Anlage SE: *Schweigepflichtentbindung* (Teil des Unfallfragebogens)

Mein letzter Antrag umfasste (mit Anlagen) 67 Seiten. 2013 soll das Antragsverfahren vereinfacht worden sein. Als ich jedoch im Internet die Seiten der Arbeitsagentur anklickte, um den aktuellen Stand zu recherchieren, kam der Hinweis: »Dieser Verbindung wird nicht vertraut.« Das fand ich so lustig, dass ich auf weitere Aktualisierungsversuche verzichtet habe.

DPA Meldung vom 21.7.04: Clements Büro wegen Formularen für Arbeitslosengeld II lahmgelegt

Pforzheim (dpa) - Die neuen Antragsformulare für das Arbeitslosengeld II haben zu einem Telefon-Ansturm auf das Büro von Arbeitsminister Wolfgang Clement geführt. Sein Büro sei lahm gelegt, so Clement. Das sei aber nicht schlimm. Er hatte jedem Anrufer Hilfe versprochen, der mit dem Ausfüllen des 16-seitigen Formulars nicht zurechtkomme. Kritiker monieren, der Fragebogen sei zu kompliziert und könne ohne Hilfe kaum ausgefüllt werden. Clement lehnte die Kritik ab. Das Formular trage zum Abbau von Bürokratie bei.[17]

BODENSATZ UND PARASITEN

26. April 2005. Ab heute bin ich kein freier Mensch mehr. Ich genieße nicht mehr das Bürgerrecht der Freizügigkeit. Sollte ich bei einer Freundin in München übernachten wollen, so müsste ich vorher – so Recht und Gesetz – um behördliche Erlaubnis nachsuchen, denn ab heute unterliege ich der *Ortsanwesenheitspflicht* und ich stehe werktäglich nachts unter Gemeindearrest. Wollte jemand von Euch, liebe FreundInnen, Verwandte, Bekannte und Unbekannte, mich zu einem Frühstück einladen, so müsste ich darüber Meldung tun und 88 Cent *Frühstücksanteil* an die Staatskasse zurücküberweisen[18]; oder an die Gemeindekasse, was weiß ich. Ab heute darf mir niemand mehr auch nur 100 Euro überweisen, nicht zu Weihnachten, nicht zum Geburtstag, denn jeder Betrag, der auf meinem Konto eingeht, wird mir nun als *anrechenbares Einkommen* wieder weggenommen; ausgenommen davon ist nur Selbstverdientes bis zu 100 Euro, gedacht als *Arbeitsanreiz*, womit mir von vornherein Faulheit unterstellt wird.

Ab heute bin ich ARGEn-Sklavin; denn heute habe ich einen Antrag auf *Leistungen zur Sicherung des Lebensunterhalts nach SGB II* gestellt. Der Antrag, mit Anlagen, umfasst 67 Seiten. Die *Anlage EKS/Einkommen Selbstständige* auszufüllen, war mir trotz Abiturs erst nach anwaltlicher Beratung möglich.

Seit heute gehöre ich zu sechs Millionen Arbeitslosen bzw. dreieinhalb Millionen *ALG-II*-BezieherInnen, im Volksmund *Hartzer* genannt, oder, wie ein *ARGEn*-Sachbearbeiter wörtlich sagte: »zum Bodensatz der Gesellschaft.«

»Biologen verwenden für Organismen, die zeitweise oder dauerhaft zur Befriedigung ihrer Nahrungsbedingungen auf Kosten anderer Lebewesen ... leben, übereinstimmend die Bezeichnung ‚Parasiten'.«[19]

Wolfgang Clement, Bundesminister
für Wirtschaft und Arbeit, 2005

Anzeigen gegen Clement wegen Volksverhetzung wurden von der Staatsanwaltschaft Berlin abgewiesen, mit der Begründung, zur Volksverhetzung fehle es an einem Angriff auf die Menschenwürde.

HARTZIGER HIP-HOP

gewidmet Christie Schwundeck, die nach einer Auseinandersetzung im Jobcenter von der Polizei erschossen wurde, und allen anderen, denen Hartz IV den Tod gebracht hat.

Du schaust dir abends Krimis an
und denkst für dich nur: »Mannomann!

Gut, dass ich nich' betroffen bin,
und dass das nur die anderen sin'!«

Du denkst, für dich ist keine Gefahr,
alles nur Film und gar nicht wahr!

Du gehst ins Theater, willst Dramen sehn,
aber dir selbst soll ja nichts geschehn.

Du denkst für dich nur »Mannomann!
Was alles so passieren kann!

Gut, dass ich nich' betroffen bin,
und dass das nur die anderen sin'!«

Du denkst, für dich ist keine Gefahr:
alles Theater und gar nicht wahr!

Aber Vorsicht und hab acht! Denn heute,
noch vor Mitternacht, könnte dein Schicksal
sich wenden und du könntest elendiglich enden.

Überstunden, Arbeitsfron,
Sparmaßnahmen, Hungerlohn,

Firma pleite, du bist raus, diesmal ist's realer Graus.

Ein Jahr Schonfrist. Und was dann? Jetzt,
mein Freundchen, bist du dran: bist bei den
Langzeitarbeitslosen und wirst betteln um Almosen.

Kontoauszug präsentieren!
Ausziehen! Schneller! Nicht genieren!

Antrag stellen, zwanzig Blatt! (Und mit Anlagen
doch glatt fünfzig Seiten, oder mehr!)

Doch dann wird's erst richtig schwer:

»Wohnung ist nicht angemessen!
Gold'ne Löffel wohl gefressen?!

Miete, Heizung: viel zu hoch!
Umziehn! ... Geht nicht? Aber doch!

Wenn Sie den Bescheid erst sehn,
werden wir uns schon verstehn!

Statt dreihundertfünfzigneun müssen
Sie sich jetzt schon freun,
wenn wir monatlich zum Leben
Ihnen knapp dreihundert geben.

Wer nicht malocht, soll auch nicht fressen,
Sie kriegen schon, was angemessen, und
mit 'nem 1-Euro-Job gehn Sie davon auch nich' hopp.

Saufen, Fressen, F..., Rauchen,
sonst ja eh nicht zu gebrauchen!

Und nun ab zum Straßefegen!
Wir sind nicht um Jobs verlegen!

Fauler Wohlstand ist vorbei, Nummer 10-10-10-10-3!

Spargelstechen, Rattenjagd,
Winterstreudienst, Küchenmagd,

Erntehilfe auf dem Feld,
diesmal gibt es gar kein Geld,
denn dies ist ein Praktikum!
Und nu gucke nich' so dumm!.

Raus aus deiner Sofaecke! –
Was? Verweigerer? Verrecke!

Klappe halten! Sonst: Sanktion!
100.000 haben wir schon;

jeden Monat! Klar?«

... Kapiert, wer hier das Regime führt?

Du sitzt vor die Glotze – gebannt wie ein Kind –,
wo fiktive Verbrechen ein Zeitvertreib sind.
Du rätselst gespannt, wer der Täter wohl ist,
und ahnst nicht, dass das nächste Opfer *du* bist.

»Das Gefühl, dass man irgendwo nicht mehr notwendig ist, das ist das Problem ... Ein Hund will auch wahrgenommen werden von seinem Herrchen.«[20]

Thilo Sarrazin, Berliner Finanzsenator, SPD, 2006

»Durch die hohe soziale Absicherung bei uns ist offensichtlich zu wenig Leidensdruck vorhanden.«[21]

Christine Haderthauer, bayerische Staatsministerin für Arbeit und Sozialordnung, Familie und Frauen, 2011

»Deshalb müssen wir Instrumente einsetzen, damit niemand das Leben von Hartz IV als angenehme Variante ansieht.«[22]

Roland Koch, Ministerpräsident von Hessen, CDU, 2010

»Alle arbeitsfähigen Langzeitarbeitslosen müssen sich dann jeden Morgen bei einer Behörde zum ‚Gemeinschaftsdienst' melden und werden dort zu regelmäßiger, gemeinnütziger Arbeit eingeteilt, acht Stunden pro Tag, von Montag bis Freitag. Wer sich verweigert und nicht erscheint, muss mit empfindlichen finanziellen Einbußen rechnen!«[23]

Stefan Müller, Obmann der CDU/CSU-Bundestagsfraktion, 2006)

»Wenn einige Hartz-IV-Kunden keine Lust haben und keine Leistungsbereitschaft zeigen, müssen endlich die Daumenschrauben angezogen werden.«[24]

Oliver Möllenstädt, Landesvorsitzender der FDP in Bremen, 2010

4. KAPITEL

FLÖHE ZÄHLEN, ODER FÖRDERN UND FORDERN IM AKTIVIERENDEN SOZIALSTAAT

MASSNAHME, LEKTION 1:

Begrüßung und Rechtsfolgenbelehrung durch die Schulungsleiterin

So, meine Damen und Herren Arbeitslosen, dann fangen wir mal an!

Mein Name ist Peininger und ich bin Ihre Schulungsleiterin für die nächsten drei Wochen. Sie haben ja alle Ihre Gründe, warum Sie hier sitzen. Keine Angst, ich will die gar nicht wissen, aber: Ohne Grund sitzt keiner von Ihnen hier! Und »keine«! Stimmt's, junge Dame da vorn? Schaut so verschlafen, die junge Dame da, aber das wird sich schon noch ändern hier. Ich sage immer: Wer alles getan hat, um sich nach unten zu arbeiten, der kann auch was tun, um sich wieder nach oben zu arbeiten! Immer schön positiv denken! Also, schauen wir mal, was aus Ihnen noch zu machen ist! Da müssen wir erst mal ein paar Grundlagen schaffen. Sie sitzen hier zur Verbesserung Ihrer Eingliederungschancen. Das ist mal das Erste. Die Agentur für Arbeit zahlt das, dass Sie hier sitzen dürfen! Die ARGEn zahlen das!

Das machen Sie sich mal klar, bevor hier jemand anfängt zu meckern.

Und dafür erwarten wir – »Fördern und Fordern« – pünktliches Erscheinen, und? Na? Und? Und fleißige Mitarbeit! Auch von Ihnen, mein Herr! Das ironische Lächeln sollten Sie mal ganz schnell abstellen; ein Anruf bei Ihrem Fallmanager, und Sie haben eine Sanktion. Also: Wollen Sie arbeiten? Ja? Ja?! Na dann mal alle zusammen: »Wir wollen arbeiten!« ...

... So hab' ich mir das gedacht. Keine Energie dahinter! Da mangelt's an allem – vor allem an Motivation. Naja, das wird schon noch; dafür sind Sie ja hier.

Für heute möchte ich nur noch ein paar Gesetzestexte mit Ihnen durchgehen. Eigentlich müssten die Ihnen ja vertraut sein, aber ich kenn' ja meine Pappenheimer. Also, zunächst die

Erreichbarkeitsanordnung der Bundesagentur für Arbeit, § 1 (1)

Der Arbeitslose ... (natürlich auch »die Arbeitslose«, das muss man ja heute immer dazusagen) hat ... sicherzustellen, dass das »Arbeitsamt ihn persönlich an jedem Werktag an seinem Wohnsitz ... durch Briefpost erreichen kann«. Da ist nichts mehr mit schnell-mal-zu-Tante-Martha-fahren, meine Damen und Herren Arbeitslosen! Aber dafür haben Sie ja eh kein Geld; und außerdem sind Sie die nächsten drei Wochen jeden Tag hier bei mir. Und übrigens, falls Sie umziehen wollen: Neulich ist doch wirklich eine angekommen, ihre 90-jährige Mutter braucht sie, und deshalb muss sie in eine andere Stadt ziehen! Also mit alten kranken Muttis kommen Sie hier nicht durch, das schlagen Sie sich gleich mal aus dem Kopf. So. Dann ... also, die *Eingliederungsvereinbarung* haben Sie ja alle schon unterschrieben, aber ich möchte doch noch einmal die Hauptpunkte der Rechtsfolgenbelehrung mit Ihnen durchgehen, damit Sie wissen, was auf Sie zukommt. Also:

Die Rechtsfolgenbelehrung

»Das Gesetz sieht bei pflichtwidrigem Verhalten unterschiedliche Leistungskürzungen vor. Die Leistung kann danach – auch mehrfach nacheinander oder überschneidend – gekürzt werden oder ganz entfallen.

1. Grundpflichten

Eine Verletzung Ihrer Grundpflichten liegt vor, wenn Sie sich weigern, die in der EV festgelegten Pflichten zu erfüllen, insbesondere in ausreichendem Umfang Eigenbemühungen nachzuweisen, oder wenn Sie sich weigern, eine zumutbare Arbeit, Ausbildung, Arbeitsgelegenheit, eine mit Beschäftigungszuschuss geförderte Arbeit, ein zumutbares Sofortangebot oder eine sonstige in der EV festgelegte Maßnahme aufzunehmen oder fortzuführen, oder wenn Sie eine zumutbare Maßnahme zur Eingliederung in Arbeit abbrechen oder Anlass für den Abbruch geben.

Bei einer Verletzung der Grundpflichten wird das Arbeitslosengeld II um 30 % der für Sie maßgebenden Regelleistung zur Sicherung des Lebensunterhaltes nach § 20 SGB II abgesenkt.

Bei der ersten wiederholten Verletzung der Grundpflichten wird das Arbeitslosengeld II um 60 % der für Sie maßgebenden Regelleistung abgesenkt.«[25]

Zum Leben bleiben Ihnen damit monatlich 124 Euro, von denen auch noch Strom, Warmwasser, Versicherungen, Nahverkehr, Praxisgebühren, Medikamente und natürlich Lebensmittel zu zahlen sind.

»Bei jeder weiteren wiederholten Pflichtverletzung entfällt der Anspruch auf ALG II vollständig.«

Damit sind Sie dann auch nicht mehr krankenversichert.

2. Meldepflichten

»Sie sind auch verpflichtet, sich bei Ihrem Träger oder einer sonstigen Dienststelle des Trägers persönlich zu melden und (...) zu einer ärztlichen oder psychologischen Untersuchung zu erscheinen, falls Ihr Träger Sie dazu auffordert. Sanktionszeiträume wegen Verletzung von Grund- und Meldepflichten können sich überschneiden. (Beispiel: 10 % Kürzung aufgrund erster Verletzung der Meldepflicht vom 1.5. bis 31.7. und 30 % Kürzung aufgrund einer Verletzung der Grundpflichten vom 1.6. bis 31.8. In den Überschneidungsmonaten werden die Minderungsbeträge addiert.

Bei vollständigem Wegfall des Anspruchs auf Arbeitslosengeld II werden auch keine Beiträge zur Kranken- und Pflegeversicherung abgeführt.«

Dann können Sie sich selbst am Blinddarm operieren, meine Damen und Herren!

»Ihren Grund- und Meldepflichten müssen Sie auch während eines Sanktionszeitraumes nachkommen, auch wenn der Anspruch wegen einer Sanktion vollständig weggefallen ist.«

Sie leben dann von Luft und Liebe,
meine Damen und Herren!

Das machen Sie sich mal klar ... bis morgen.

GESPENSTER UMARMEN

Ich hatte eine Adressliste von interessierten Produktionsfirmen. Ich hatte ein Büro. Mir fehlte lediglich das Geld für Foto, Video, Papier, Kuverts, Tesafilm, Druckerschwärze, Tinte und Briefmarken, denn ich bekam *ALG II. Ergänzendes ALG II.*

Als ich der Abteilung *Hilfe zur Arbeit* mein Problem schildere, verweist mich Frau Bäcker an Herrn G. von der *Personal Service Agentur*, kurz *PSA;* dort werde man mir helfen. Bis dato kannte ich *PSA* nur als *prostataspezifisches Antigen.* Und ich wagte nicht zu fragen, wie ich mir die *PSA*-Hilfe vorstellen solle. »Könnte ich bitte noch um drei Zentimeter Doppelklebeband zur Befestigung meines Fotos auf dem Bewerbungsdeckblatt bitten?« Oder: »Dürfte ich meinen Füller zwecks korrekter königsblauer Unterschrift bitte einmal kurz in das staatliche Tintenfass tauchen?« Und dann? Ob es mir wohl gestattet würde, meine Bewerbungen nach Anbringung der vom Staat gesponserten Briefmarke eigenhändig einzutüten und abzusenden?

Auf der Straße vor dem Ladenbüro, unter dem fehlenden Türschild, steht an diesem Freitag um 11 Uhr in sich zusammengesunken ein älterer Herr, rauchend, eine ungepflegte Erscheinung. Wie sich dann herausstellt, ist es der Herr G. persönlich, im Folgenden »das Gespenst« genannt.

Nachdem das Gespenst seine Kippe auf die Straße geschnipst hat, folge ich ihm in sein stinkendes Büro. Ein großes Büro. In dem großen Büro sitzen 20 Menschen an Computern. Der einzige, der kurz aufblickt, ist ein junger Mann in der ersten Reihe.

Das Gespenst lässt sich in einen Bürostuhl fallen.

»Beruf?«

Ich setze mich ihm gegenüber, auch wenn mir kein Platz angeboten wurde. »Schauspielerin, Sprecherin und Autorin, seit 25 Jahren freiberuflich tätig.« – »Ich denke, Sie sind arbeitslos?« – »Nein, ich arbeite. Aber zurzeit gibt's nicht genug Aufträge, unsere Branche ist eingebrochen; ich arbeite freiberuflich; aber zurzeit ...« – »Soso, die Brantsche ist Schuld an Ihren Misserfolg.« (sic) – »Ich war krank, mehrere Hörstürze und, egal, und dann kam Nine Eleven, und dann auch noch die Pleite vom Herrn Kirch.« – »Wer?« – »Na, der bekannte Medienunternehmer, Leo Kirch.« – »Ach der; und der war Ihr Arbeitsgeber?« (sic) – »Mein Hauptarbeitgeber.« – »Tja, das war mal, was?!« Das Gespenst leckt seinen Zeigefinger an und blättert mit gelben Fingern in meinen Unterlagen. »Also erfolglose Aufstockerin.« – » Ich...« – »Na, wenn Sie erfolgreich wären, säßen Sie nicht hier, oder? Haben Ihre Bewerbungen was gebracht?« – »Vielleicht sehen Sie sich mal meine Vita an.« – »Ihre glorreiche Vergangenheit interessiert niemanden; jetzt sind Sie hier!« – »Ich bin hier, weil ich kein Geld mehr habe, um mich weiter angemessen zu bewerben; und dazu gehören in meinem Beruf zum Beispiel Porträtfotos, und die sind teuer.« – »Das kriegen Sie hier billiger!« Ich verkneife mir eine Antwort. Nach und nach wird mir klar, wie die Bewerbungshilfe an mir vollzogen werden soll: Gemeinsam mit anderen Menschen aus allen möglichen Berufen soll ich mich in der *PSA* unter Anleitung und Aufsicht schriftlich und fernmündlich bewerben. »Und bei wem? Und wofür?« Das Gespenst antwortet, wenn überhaupt, an Fragen vorbei. »Bewerbungs- und Kommunikationstraining machen wir auch.« – »Danke, das brauch' ich nicht.« – »Das stärkt auch das Selbstbewusstsein.« – »Hab' ich nicht nötig. Ich wüsste nur gern, wofür und bei wem ich mich hier bewerben soll.« – »Aha, auch noch überheblich!« – »Ich bitte Sie! Ich war 35 Jahre lang in der Öffentlichkeit tätig. Ich brauch' kein Selbstbewusstseinstraining.« – »Vor allem brauchen Sie einen Job!«

Kein Albtraum und kein Witz: Ab sofort soll ich werktäglich (»pünktlich!«) um acht Uhr morgens in dieser Gespensterbude antreten, um dann acht Stunden lang massenhaft einseitige berufsfremde Blindbewerbungsschreiben aufzusetzen, vom Gespenst diktiert, frisiert, mit meinem hineinkopierten Konterfei versehen und verschickt. »Aber an wen wollen Sie das denn schicken, um Himmels Willen? Und wofür?« – »Für'n Ein-Euro-Job wird's schon reichen.«

Ich habe mich nicht verhört. Ein Ein-Euro-Job. *Arbeitsgelegenheit mit Mehraufwandsentschädigung.* »Aber ich habe einen Beruf! Ich arbeite!« – »Ich denke, der Herr Kirchner ist pleite.« – »Kirch. Ich habe noch andere Auftraggeber.« – »Also, wenn Sie wirklich mal so 'n Terminchen haben, dann legen Sie uns aber ganz flugs eine Bestätigung von dem Herrn Kirchner da vor!« – »Aber dann weiß doch jeder Auftraggeber sofort, dass ich *ergänzendes ALG II* bekomme! Das ist ja geschäftsschädigend!« – »Ihr Geschäft kann man ja kaum noch schädigen. Und im Krankheitsfall bringen Sie umgehend ein Attest, sonst ist Schluss mit Genuss!« (Ruhig bleiben, Widersetzlichkeit kann mit dem Entzug des

Lebensminimums geahndet werden.) »Apropos Krankheit: ich war krank ...« – »Aha.« – »Den ganzen Tag sitzen, das kann ich sowieso nicht!« – »Soso.« – »Wollen Sie Atteste sehen?« – »Brauch' ich nicht; ich bin Psychotherapeut.« – »Oh. Äh. Aber ich hab' physische Probleme, keine psychischen.« – »Wenn Sie keine Krankschreibung bringen, kriegen Sie noch ganz andere Probleme!« – »Darf ich fragen, was, ähm, was für eine Ausbildung Sie als Psychotherapeut haben?« Das Gespenst murmelt etwas von »Gesprächstherapie«. »Hören Sie, es mangelt mir weder an Berufs- oder Bewerbungserfahrung noch an einschlägigen Adressen; ich brauche nur Geld für Druckerpatronen und berufsnotwendiges Bewerbungsmaterial; damit kann ich mich dann bestens ohne Aufsicht ganz allein und von daheim aus bewerben. Außerdem muss ich auch mal bei einem Aufnahmeleiter oder Produzenten vorbeischauen; Kontakte pflegen.« – »Da bringen Sie uns aber jedes Mal eine Bestätigung von Ihrer Kontaktpflegerei, das geht nämlich nicht, dass Sie dann mal hier einen Kaffee trinken gehen und mal da ein Bierchen trinken gehen.«

(Nein, das geht schon aus finanziellen Gründen nicht. Wobei die lukrativsten Geschäftchen ja auch nicht beim Kaffeetrinken zustande kommen, sondern bei richtig teuren Geschäftsessen. Allerdings werden auch da generell eher keine Vertragsabschlüsse erzielt, wenn der potenzielle Auftraggeber zum Dessert eine Bestätigung unterschreiben muss, die das Gegenüber als *ALG*-abhängig ausweist. Aber ich sage nichts. Ich schweige. Widersetzlichkeit kann mit dem Entzug des Lebensminimums geahndet werden.)

»Also. Ab morgen. Von acht bis vier sitzen Sie hier.« – »Und wie lange soll das Ganze dauern?« – »Wenn's nötig ist, Monate.« – »Jetzt mal ernsthaft: Ich soll mich wirklich monatelang acht Stunden täglich bewerben?« – »Ja und? Was machen Sie denn sonst so den ganzen Tag?«

(Gespenster umarmen)

– »Könnten wir dieses Gespräch bitte auf einer partnerschaftlichen Ebene weiterführen?« – »Ich will nichts von Ihnen, ich hab' nichts von Ihnen!« – »Oh doch; für einen Bruchteil der Prämie, die Ihnen das Arbeitsamt für mich zahlt, könnte ich mich prima allein bewerben.« – »Ich bekomme keine Prämie.« – »Nicht?« – »Für Sie nicht.« – »Ach nein?« – »Weil ich Sie nicht nehme.« – »Wie bitte?« – »Jaja, ich merk' schon, Sie können nicht nur schlecht sitzen, Sie hören auch schlecht! Ich nehm' Sie nicht; sagen Sie das der Frau Bäcker. Sie fragen zu viel. Das gäbe nur Schwierigkeiten mit Ihnen.«

Ich widerspreche nicht und verabschiede mich rasch und höflich.

Als ich schon halb zur Tür hinaus bin, ruft der junge Arbeitslose aus der ersten Reihe schüchtern hinter mir her: »Hallo die Dame ... Ihre Tasche!« – »Oh, Danke, bin wohl grad' etwas verwirrt«, sage ich; und denke: »Kein Wunder, wenn man grad' aus der Geisterbahn kommt.« Das winzige Lächeln des jungen Mannes signalisiert mir, er kann Gedanken lesen.

Der Weg zur S-Bahn führt an blühenden Kastanien vorbei. Und am Arbeitsamt. Oder wie immer das jetzt heißt. Fünf vor zwölf. Ich klopfe bei Herrn Kahl an, dem *Arbeitsberater,* dem ich zugeteilt wurde. »Entschuldigung, ich hab' keinen Termin und gleich ist Mittagspause, kann ich trotzdem kurz ...?« – »Nana, kein Termin, das ist aber schlimm! Kommen Sie rein! Tränen? Was gibt's?« – »Bitte, ich brauch' ... bewahren Sie mich ... ich soll ... absurd ... aber wenn ich nicht ... die streichen mir ... bitte ... haben Sie nicht was anderes?« Nein, nichts; die Fortbildung, die ich vor einiger Zeit absolviert habe, war das Einzige, was Herr Kahl zu bieten hatte; leider; aber ich solle doch noch mal zur Frau Bäcker gehen und mit ihr reden, schönen Gruß auch, und sagen, dass ich bei ihm gewesen sei. Seine mitfühlende Freundlichkeit gibt mir den Rest.

Als ich wieder daheim war, rief ich Frau Bäcker an. Und erlebte noch ein kleines Wunder.

»Ja? Oh. Ach je. Jetzt beruhigen Sie sich doch erstmal. Mhm. Mhm. Jaja. Was, Psychotherapeut? Sagt er? Jaja, der Herr G., der ist so ziemlich alles. Sagt er. Naja. Jaja. Ich weiß. Nun beruhigen Sie sich doch. Nein. Nein. Nein, das hat ja wirklich keinen Sinn. In Ihrem Fall schon gar nicht. Ich nehm Sie da raus. Nein, müssen Sie nicht. Och, das geht schon. Ich mach' einen Vermerk. Ja. Ja, Sie können sich darauf verlassen. Nein, Sie müssen nichts mehr unternehmen. Nun beruhigen Sie sich erstmal.«

Ich weinte bis zum Abend. Dann schlief ich ein. Und versäumte es, mein Handy abzuhören. Das tat ich erst am nächsten Tag. Eine Filmfirma hatte zweimal auf die Mailbox gesprochen. Das erste Mal am Freitag um elf. »Rufen Sie mal zurück, es geht um einen Drehtag am nächsten Dienstag!« Das zweite Mal am Freitag um zwanzig nach zwölf. »Warum rufen Sie denn nicht zurück?! Wir haben Ihnen doch schon vor mehr als einer Stunde draufgesprochen? Tja, nun hat sich das erledigt. Jetzt mussten wir anders besetzen. Länger konnten wir nicht warten. Aber schicken Sie doch endlich mal neue Fotos, die alten sind ja schon drei Jahre alt, drei Jahre alte Fotos können wir keinem Regisseur mehr vorlegen! Und nicht wieder am Fotografen sparen! Das sieht man!«

Auch an diesem Tag weinte ich den ganzen Tag.

Kurz nach dem Gespräch war der nette Herr Kahl verschwunden. Auch die hilfsbereite Frau Bäcker habe ich nie wieder gesehen.

Stattdessen wurde ich einem *Persönlichen Ansprechpartner* (kurz *PAP*) zugewiesen; und dann kam der *Fallmanager.*

»Alle Deutschen haben das Recht, Beruf, Arbeitsplatz und Ausbildungsstätte frei zu wählen.«

Grundgesetz, Artikel 12 (1)

FLÖHE ZÄHLEN, KAVIAR IN DEN KORB!

»Es kann nicht ungerecht sein, alle erwerbsfähigen Empfänger von Grundsicherung zu einer Gegenleistung zu verpflichten. Dabei kann zunächst dahingestellt bleiben, wie produktiv diese Gegenleistung ist und ob sie überhaupt produktiv ist.«[26]

Thilo Sarrazin, 2010

Im Jahr 2009 wurden laut *BILD* 10,1 Milliarden Euro für Umschulungen und Weiterbildungen ausgegeben.[27]

Wissen Sie, wofür Sie Steuern gezahlt haben?

Ein Gabelstaplerfahrer wird zum Gabelstaplerfahrer umgeschult, und zwar gleich drei Mal. Auch Kosmetikerinnen müssen den Gabelstaplerschein machen. Ein Alkoholkranker wird zum Kraftfahrer ausgebildet, die ehemalige Kaufhausdisponentin im »Beschriften von Briefkuverts« unterwiesen, und alleinerziehende Mütter lernen im »Raumpflegekurs« endlich mal das Putzen.[28]

Und das »Bewerbungstraining«? Ist doch genau das Richtige für den ehemaligen Leiter einer Personalabteilung!

Auch wochenlanges Zusammensetzen von Riesenpuzzles war schon Bestandteil einer *Maßnahme*; und mit Ballspielen (zur Entwicklung der Teamfähigkeit) sollten erwerbslose Maurer fit für den Arbeitsmarkt werden.[29]

Wem dann noch immer der rechte Schwung fehlt, wird durch Sanktionen nachhaltig motiviert.

Verweigerung wird sanktioniert. Rechtsmittel können eingelegt werden. Widerspruch hat keine aufschiebende Wirkung. Von der Klage bis zum Gerichtsurteil können drei Jahre vergehen.

Die FAB-gGmbH zum Beispiel beschäftigte und schulte im Jahr 2009 insgesamt 717 sogenannte Arbeitslose. In jenem Jahr nahmen 35 Erwerbslose an dem Programm »Paradigmenwechsel 50 plus« teil. Etwa die Hälfte davon waren Akademikerinnen und Akademiker.[30]

Die folgende Szene wurde gestaltet nach einem Artikel in der Frankfurter Rundschau.[31]

Die zwei Personen der Handlung sind:

Frau Peininger, der Prototyp einer ARGEn-Schulungsleiterin

Herr Dr. Pech, gezwungenermaßen teilnehmend an einer Maßnahme bei Schulungsleiterin Frau Peininger

Schulungsleiterin: So. Und jetzt eine schöne Übung für die Fortgeschrittenen unter Ihnen. Herr Dr. Pech! Also, Sie schaffen das bestimmt! Sie haben studiert, Sie gehören ja nicht zum Bodensatz! Fast schon überqualifiziert, der Herr Dr. Pech! Hier, gucken Sie mal!

Dr. Pech: Was soll das sein?

Schulungsleiterin: Na, was ist denn das? Was habe ich Ihnen denn da vorgelegt?

Dr. Pech: Ein Bild.

Frau Peininger: Ein Bild?!

Dr. Pech: Eine Zeichnung.

Frau Peininger: Und was ist da drauf?

Dr. Pech: Ein Hund.

Frau Peininger: Und was ist da draufgeschrieben, auf dem Hund?

Dr. Pech: Äh, »Floh«.

Frau Peininger: Und wie oft ist das da draufgeschrieben?

Dr. Pech: Äh, ziemlich oft, also ...

Frau Peininger: Na, da zählen Sie jetzt mal die Flöhe, die auf dem Hund drauf sind, Herr Dr. Pech. Und dann zählen Sie noch mal nach; und wenn Sie sich sicher sind, dann schreiben Sie das auf. Und dann geben Sie das mir. Und dann werte ich das aus. Und dann sehen wir weiter.

Doch, ja, wirklich ehrlich wahr: Auch »Flöhe zählen« wurde gefordert bzw. gefördert.

Verweigerung wird sanktioniert. Rechtsmittel können eingelegt werden. Widerspruch hat keine aufschiebende Wirkung. Von der Klage bis zum Gerichtsurteil können drei Jahre vergehen.

Aber es gab noch viele andere schöne Maßnahmen:

Vom Umgang mit echtem unechtem Geld und unechtem unechtem Geld beim REAL LIFE TRAINING

Das »Real Life Training« war das größte und teuerste Kaufmannsladenspiel Deutschlands. Das »Aktivierungscenter in Form einer Übungsfirma« (so der offizielle Name) wurde organisiert vom »TÜV Nord« und bezahlt von »Team Arbeit Hamburg« (Arbeitsagentur und Jobcenter). Millionenbeträge wurden bereitgestellt – und zwar aus den Taschen der Steuerpflichtigen –, um Arbeitslosen die Gelegenheit zu geben, das »Real Life«, das wahre Leben, in einem eigens zu Trainingszwecken eingerichteten Supermarkt einzuüben. Echt waren in diesem Übungs-Supermarkt weder Geld noch Waren. »Echt« waren die Arbeitslosen, die hier beim sechs- bis neunmonatigen »Real Life Training« das Ein- und Verkaufen, Pünktlichkeit, Freundlichkeit und anständiges Benehmen lernen und üben sollten. Echt waren auch sechs Sozialpädagogen und fünf Übungsleiter, möglicherweise ebenfalls erwerbslos, von denen die echten Erwerbslosen beim Einkaufen, Verkaufen, beim Pünktlich- und Freundlichsein betreut wurden. Die Waren und alles umgesetzte Geld waren aus Glas, Papier und Plastik. Bezahlt wurde mit Spielgeld; davon gab es echtes unechtes und unechtes unechtes Geld. Der Umgang damit war gedacht als Aufmerksamkeitstraining zur Abwehr eventueller Falschgeld-Kundschaft in der wahren Welt (oder Warenwelt) jenseits von »Real Life«. Wie man sich das Ganze vorzustellen hat? Etwa so, wie hier in Szene gesetzt nach einem Artikel im *SPIEGEL*.[32] Handelnde Personen:

Unechte Kassiererin: arbeitslose Frau, sitzt an der Kasse; auf ihrem Rücken klebt ein Schild mit der Aufschrift »Real Life Training/Kasse«.

Echter Schulungsleiter: der echte Schulungsleiter steht hinter der unechten »Kassiererin«. Sein Rück(en) schild weist ihn aus als »Real Life Training/ Schulungsleiter«. (Frau Peininger hat Urlaub!)

Unechter Kunde: arbeitsloser Mann, als Kunde an der Kasse, mit Rückenschild: »Real Life Training/Kunde«.

Unechte Kassiererin: Ouzo ... Wein ... Konserven ... Cornflakes ... Käse ... Reis ... Süßwaren ... Hundefutter ... Krabben ... Konserven ... Champagner ... Mirabellenbrand ... hups ... was ... na ... oje ... der Scanner erkennt das nich'!

Echter Schulungsleiter: F7! Drücken Sie F7! ... So, jetzt noch mal den Artikel eingeben ...

Unechte Kassiererin: ...nimmt er nicht!

Echter Schulungsleiter: Handeingabe! ... Was ist denn das?!

Unechte Kassiererin: 'tschuldigung, hab' mich vertippt!

Echter Schulungsleiter: Wie arbeiten wir?

Unechte Kassiererin: Sorgfältig. Äh ... schnell und sorgfältig.

Echter Schulungsleiter: Na, dann machen Sie das doch!

Unechte Kassiererin: Und jetzt?

Echter Schulungsleiter: Nachdenken!

Unechte Kassiererin: Noch mal F7?

Echter Schulungsleiter: Nachdenken, sag' ich!

Unechte Kassiererin: (ächzt und tippt dann)

Echter Schulungsleiter: Was denn? ... Na also!

Unechte Kassiererin: Und jetzt?

Echter Schulungsleiter: F2! F2! Wie oft denn noch! Was haben Sie denn eigentlich gelernt?

Unechte Kassiererin: Ich hab' studiert; Kunstgeschichte.

Echter Schulungsleiter: Ah, brotlose Künstlerin! Kein Wunder.

Unechte Kassiererin: Ich hatte 'ne Stelle in Aussicht, aber ich konnt's nich' machen, mein Kleiner ist erst drei, ich bin allein mit ihm. Das macht ...

Unechter Kunde: Hups! Kaviar!

Unechte Kassiererin: ... macht 138,95.

Unechter Kunde: Halt, Moment ich hab' den Kaviar vergessen!

Echter Schulungsleiter: Na, so geht's aber nicht, Herr Repschinski! Wo ist denn Ihr Einkaufszettel?

Unechter Kunde: (hat schnell einen Plastikbehälter mit Plastik-Kaviar geholt und kommt atemlos zurück): 'tschuldigung; bin's nimmer gewohnt, die Einkauferei; hier hau' ich ja an ein' Tag so viel Geld raus, wie ich sonst nich' mal im ganzen Monat hab'. Kaviar! Ph!

Echter Schulungsleiter: Tja, auch Einkaufen will gelernt sein! Vor dem Einkaufen machen wir ... was?

Unechter Kunde: Einkaufszettel.

Echter Schulungsleiter: Wir schrei-ben uns ei-nen Einkaufs-zet-tel! Und stehen Sie mal ein bisschen gerade, auf die krumme Tour bekommen Sie nie einen Job als ... als ... bekommen Sie nie einen Job! Schließlich wird das hier vom Steuerzahler finanziert! Von der Aldi-Kassiererin! Die zahlt ihren Kurs hier! 800 Euro im Monat! Also! So, und *Sie* geben jetzt mal diesen Käse, äh, diesen Kaviar ein, aber ein bisschen flotti karotti!

Verweigerung wird sanktioniert. Rechtsmittel können eingelegt werden. Widerspruch hat keine aufschiebende Wirkung. Von der Klage bis zum Gerichtsurteil können drei Jahre vergehen.

Wem so etwas nützen soll?

Erstens: der Statistik; *Maßnahmen* schönen die Statistik, denn wer in einer steckt, zählt nicht als *arbeitslos*; zweitens nützt(e) so was Hunderten von neu entstandenen *Bildungsträgern*, die mit der Durchführung von *Maßnahmen* Millionen von Euro einstreichen konnten – pro *MaßnahmenteilnehmerIn* werden monatlich 700 bis 800 Euro fällig. Drittens: Diese Arbeitslosen, die geben ja schon auf, wenn sie 350 Bewerbungen geschrieben haben; dann fällt denen ja schon nix mehr ein! Dafür fällt den **D**eutschen

Elite-**P**olitikern, den Depen, umso mehr ein. 136.000 Einträge zeigt Google bei Eingabe von »Hartz-IV-Empfänger sollen«; knapp 105.000 bei Eingabe von »Hartz-IV-Empfänger müssen«. Hier eine kleine Auswahl dessen, was Hartz-IV-EmpfängerInnen noch alles so sollen mussten:

Die Häufchenstreife

Die Abgeordnete Claudia Hämmerling (Bündnis 90/Die Grünen, Schwerpunkt »Tierschutz«) machte den Vorschlag, Langzeitarbeitslose sollten säumige Hundebesitzer höflich dazu anhalten, die Hinterlassenschaften ihrer Fifis zu entsorgen. (... und schon wäre die Lage in Deutschland nicht mehr ganz so beschissen!)[33]

Die Radl-Leibwache

Auch in Brandenburg bekamen Arbeitslose eine neue Lebensaufgabe: sie wurden als Fahrraddiebstahlverhinderungswachleute eingesetzt.

Böse Buben festnehmen durften sie nicht, das darf nur die Polizei; aber, so Karin Weiß von »Pro Beschäftigung und Integration«:

»Allein die Präsenz schreckt ab.« Na klar, wenn man die bloß sieht, diese Arbeitslosen! So was von abschreckend! Und, so weiß Frau Weiß: »Die Teilnehmer kommen aus ihrem tristen Alltag raus und lernen Selbstsicherheit, Pünktlichkeit und Höflichkeit. Das ist durchaus qualifizierend.«[34]

Qualifizierend? Durchaus! Insbesondere durchaus qualifizierend für die Bedienung, deren Schultern nach 30 Jahren Tellerschleppen schlappgemacht haben, für die langjährige Empfangsdame vom Hilton, für die Schauspielerin zwischen zwei Engagements oder für den 50-jährigen arbeitslosen Physiker.

Aber Häufchenstreife und Radl-Leibwache waren nicht alternativlos. Es gab noch mehr:

Der Rattenfänger aus dem Hartz

Henner Schmidt, FDP (Mitglied im Abgeordnetenhaus von Berlin und Mitglied des Stiftungsrates der Stiftung Naturschutz Berlin) schlug vor, Arbeitslose als Rattenfänger einzusetzen: »Vor allem Leute, die sonst auch Flaschen sammeln, könnten dann für jede tote Ratte einen Euro bekommen!«[35]

Tolles Fitnesstraining und dazu noch ein prima Zusatzverdienst. Aber, nicht vergessen: Nur 100 Ratten bleiben anrechnungsfrei als *Arbeitsanreiz;* schon das 101. Rattenkopfgeld wird vom Staat zurückgefordert!

Fazit: Tierschutz ist wichtig. Menschenschutz wär' auch nicht schlecht.

Wintersport für Arbeitslose

Winter 2009/2010. Hartzler ab zum Schneeschippen! Die Idee von Guido Westerwelle (FDP, damals Bundesminister des Auswärtigen im Kabinett Merkel II) fand viel Beifall.[36]

Nur: Wer genau sollte da eigentlich schippen? 40 % aller *ALG II*-Beziehenden arbeiten bereits – oft sogar in Vollzeit. Andere wiederum können gar nicht arbeiten: Hunderttausende von AufstockerInnen, Kranken, Erwerbsgeminderten, Kindern, Schwangeren und Alleinerziehenden (meist ja immer noch Mütter) ...

Wer von denen hätte da wann schippen sollen?

8.5.2013: Nach Angaben von Stern TV hat die Bundesagentur für Arbeit in den letzten zehn Jahren rund 39 Milliarden Euro in solche Qualifizierungsmaßnahmen gesteckt.[37]

»Wir stellen uns nicht gern die Frage, ob Solidarität und Fürsorglichkeit nicht auch dazu beitragen, uns erschlaffen zu lassen.«[38]

Joachim Gauck, Bundespräsident, 2010

»Wir müssen in der Familienpolitik völlig umstellen: weg von Geldleistungen, vor allem bei der Unterschicht.«[39]

Thilo Sarrazin, 2009

»Als Bundeskanzler Schröder einst die Frage aufwarf, wie viel Fürsorge sich das Land noch leisten kann, da ist er ein Risiko eingegangen ... Solche Versuche mit Mut brauchen wir heute wieder.«[40]

Joachim Gauck, 2010

»Kalt duschen ist doch eh viel gesünder. Ein Warmduscher ist noch nie weit gekommen im Leben.«[41]

Thilo Sarrazin, 2010

»Hartz IV macht's möglich: die Vermittlung von langzeitarbeitslosen Frauen ins Rotlicht-Milieu. Rechtlich gibt es keine Untergrenze der Zumutbarkeit bei der Jobvermittlung. Arbeitsagenturen legen sich – noch – eine Selbstbeschränkung auf.«[42]

taz, 18.12.2004

»Wer arbeitet, soll etwas zu essen haben, wer nicht arbeitet, braucht nichts!«[43]

Franz Müntefering, Bundesminister
für Arbeit und Soziales, SPD, 2006

»Es kann (aber) kein funktionierendes Arbeitslosenhilfe-System geben, das nicht auch ein Element von Abschreckung enthält.«[44]

Roland Koch, Hessischer Ministerpräsident, CDU, 2010

»Alle Bezieher von Hartz IV sollen dafür arbeiten.«[45]

Wolfgang Franz, »Wirtschaftsweiser«, 2010

»Wer sich dem verweigert, dem müssen die Mittel gekürzt werden.«[46]

Guido Westerwelle, Außenminister, FDP, 2010

»... oder – in Wiederholungsfällen – komplett gestrichen werden. Da haben wir in Deutschland noch nicht die letzte Tapferkeit entwickelt.«[47]

Horst Seehofer, Bayerischer Ministerpräsident,
CSU, 2010

5. KAPITEL

HARTZIGES GELD UND HARTZIGER GELDENTZUG

SONG VON DER SOZIALEN UNGERECHTIGKEIT

gesungen von einer Hure namens Mausi

Steuern spar'n ist selbstverständlich für die Großkonzerne,
nur die Kleinen zahlen Steuern, reichlich, pünktlich, gerne!
Steuern zahlen auch die Ärmsten noch bei jedem Kauf:
Mehrwertsteuer, Zinseszinsen, immer feste drauf!
Hundert Steuergeld-Milliarden, jährlich hinterzogen,
das ist für die hohen Herren ganz leicht hingebogen.
Aber wenn du Putzfrau bist, und frisst drei Bouletten
vom Politiker-Büffet, droht der Knast dir, wetten?

Ich sag' euch:

Nur die Reichen kriegen Sozialhilfe,
ohne sich zu genieren!

Jeder Zuhälter hat mehr Benimm als die,
die die Welt regieren!

Nur die Reichen werden subventioniert,
und das zahlen ich und du!

Ich sag' euch: Noch im schlimmsten Bordell
geht es menschlicher zu.

Hungerlöhne? Den Konzernchef wird's nicht mal verdrießen,
wenn die Leute sich deswegen reihenweis' erschießen!

»Humankapital« gibt's noch genug, aber bitte sehr:
für den Rest der Angestellten: einen Euro mehr!
Bundesdeutsche Manager, die kassier'n Millionen
denn die Arbeit muss sich schließlich für den Vorstand lohnen!
»Arbeit ist ein Wert für sich«, predigt man den Armen,
100 Euro »Arbeitsanreiz« lässt man uns aus Erbarmen.
Bankenrettung: Dafür werden Milliarden locker gemacht,

Klar doch, ist dafür das Geld da, na, das wäre ja gelacht!
Und bitte: 'ne Parteienspende, hallo, nicht zu klein,
denn schließlich, eine reiche Hand wäscht die andre rein.
Und wenn so 'ne Giftfabrik zehntausend Arme tötet,
weil so ein blödes kleines Rohr nicht ganz dicht gelötet,
ach, das ist nicht weiter schlimm: Nach einer kleinen Buße
haben schnell die Schuldigen wieder Geld und Muße.

Kindergeld? Den Armen gibt man's mit der einen Hand,
mit der andern nimmt man's ihnen wieder elegant-galant.
Kindergeld? Für uns gestrichen, doch der Millionär,
der bekommt's in voller Höhe und das freut ihn sehr.
Und das schöne Elterngeld: das ist auch nun weg –
für die Ärmsten! Denn die Armen, die sind nur ein Dreck.
Hunderte Millionen schon hat man uns gestrichen;
dafür rauf mit den Diäten, so ist 's ausgeglichen!
Mit dem Dienstwagen in Urlaub? Das ist kein Problem
für die reichen Volks---treter; nein, das ist bequem!
Armen gönnt man gar kein Auto, verboten ist das Reisen,
nix is' mit dem Urlaub, Pech! Umsonst ist nur das Scheißen.
Doch braucht man dafür Klopapier, und Wasser auch,
ein bisschen,
so gibt's für uns nicht mal umsonst ein winzig kleines
Schisschen.

Ich sag' euch:

Nur die Reichen kriegen Sozialhilfe,
ohne sich zu genieren!

Jeder Zuhälter hat mehr Benimm
als die die Welt regieren!

Nur die Reichen werden subventioniert,
und das zahlen ich und du!

Ich sag' euch: Noch im schlimmsten Bordell
geht es menschlicher zu.

Mit Einführung von Hartz IV konnte jede arbeitslose Person zu jeder Arbeit, die nicht als sittenwidrig gilt, verpflichtet werden. Als sittenwidrig gilt seit 2002 nicht einmal mehr die Prostitution.

MASSNAHME, LEKTION 2:

Schulungsleiterin A. Peininger erklärt die Regeln

So, und nun zu den Regeln, meine lieben arbeitslosen Freunde und Freundinnen!

Wir haben hier nämlich ein paar Regeln, und die sag' ich Ihnen jetzt mal als Ihre Schulungsleiterin! Und die merken Sie sich dann auch!

Wer blau macht, ohne eine Arbeitsunfähigkeitsbescheinigung vorzulegen, wird gekürzt. Wer wegen Vorstellungsgesprächen abwesend ist, ohne eine Bestätigung vorzulegen, wird gekürzt.

Wer den Unterricht stört, wer hier meinen Unterricht stört, wird gekürzt, von der Maßnahme ausgeschlossen, und kann diese dann aus eigener Tasche zahlen. Das gilt auch für Sie da hinten. Und richten Sie sich mal ein bisschen auf! Sie müssen selbstbewusst da reingehen zu so einem Bewerbergespräch. Dafür sind Sie hier, dass Sie das von mir lernen.

Und mit so einer Frisur wie Sie hier vorn: Ja, wollen Sie einen Job oder wollen Sie keinen Job?! Ich meine, Sie müssen sich das mal klarmachen: Die meisten Langzeitarbeitslosen, also auch die meisten von Ihnen hier, sind Minderleister. Das heißt: über 45 Jahre, gesundheitlich angeschlagen, psychisch krank, behindert, gering qualifiziert – oder sie haben Kinder am Bein. 40 % der Alleinerziehenden sind »Hartzer Roller«! Tja, keinen Krippenplatz haben, aber Kinder in die Welt setzen!

»Schwachperformer« nennt man das auch. Sie müssen sich klarmachen, was Sie sind und wo Sie sind. So. Und deshalb kriegen Sie hier ein sogenanntes »Verfolgungstraining«. Was das heißt? Das heißt, intensive Schulung; das heißt, wir schenken Ihnen unsere besondere Aufmerksamkeit. Und wie machen wir das? Und was machen wir hier?

Das machen wir morgen! Und ich erwarte, dass Sie morgen alle hier sitzen; pünktlich – und frisch gewaschen! Und wer hier nicht pünktlich sitzt – ich muss nur Ihren Fallmanager anrufen – wer nicht pünktlich morgen früh hier sitzt, wird gekürzt!

NADA. NIENTE. NULL.

Nada. Niente. Null. *Vollsanktion,* das heißt: Du bekommst nichts mehr; und bald hast du auch nichts mehr, nichts auf dem Konto, nichts im Portemonnaie, kein Geld, nicht für Miete, nicht für Essen, nicht für Medikamente, und es liegt im Ermessen deines *Fallmanagers,* ob er dir einen *Lebensmittelgutschein* gewährt. Auf Antrag. Dafür musst du zu deinem *Jobcenter*. Die für dich zuständige Behörde ist acht Kilometer entfernt; nur drei S-Bahn-Stationen; aber dein Rad ist kaputt und für die S-Bahn hast du kein Geld. Fahrkarte kannst du nicht mehr kaufen; auch keine Briefmarken; du bist ja *auf Null*. Anrufen kannst du nicht beim Amt; die Durchwahl ist geheim oder die Leitung besetzt, außerdem: Wie sollst du die Telefonrechnung zahlen? Also musst du zu Fuß hingehen, acht Kilometer, zu deinem Sanktionär; zu dem, der dir alles genommen hat. Das ist, wie wenn das Schwein für eine Zukunftsberatung zum Metzger geht. Okay. Du armes Schwein gehst also zu Fuß zu deinem Metzger, bittest höflich um Überlebendürfen und beantragst den *Lebensmittelgutschein*. Wenn der Metzger gnädig ist, falls er gnädig ist, gibt er dir einen. Vielleicht sagt er auch: »Sie haben kein Anrecht auf einen Gutschein.« Das stimmt. Und wenn du ihn dann fragst, ob er will, dass du verreckst, sagt er vielleicht: »Sie sind eine Querulantin. Sie haben einen Querulantenwahn.« Dann bist du in Gefahr, denn *Paranoia querulans* kann ein Grund sein, dich einzuliefern. ICD-10: F 22.8. Aber vielleicht hast du eine *Patverfü*, die dich vor psychiatrischen Diagnosen und Zwangsmaßnahmen schützt.

Und vielleicht hat dein Fallbeilmanager ja gute Laune, gibt deinem Antrag statt, gewährt dir den *Gutschein*. Einen. Für den ganzen Monat.

Damit gehst du dann am nächsten Tag, wieder zu Fuß, zu einem der drei Discounter an deinem Wohnort. Dort stehen große Metallkörbe, an denen Schilder hängen mit der Aufschrift: »Kaufen Sie ein Nudelpaket mehr! Füttern Sie die Armen!«

So. Und? Was kaufst du jetzt? Obst? Gemüse? Ja, für drei, vier Tage; danach ist alles schlapp. Aufwärmen kannst du nichts; kochen kannst du nicht, du hast keinen Strom. Kühlen kannst du nichts; einfrieren kannst du nichts; du hast einen Kühlschrank, aber du hast keinen Strom, der wurde schon abgestellt. Also, was legst du in deinen Einkaufskorb? Kekse; Schokolade, Pralinen, tröstlich süße Kalorien zum schnellen Sattwerden; Dinge, die es bei der *Tafel* nur selten gibt. Shampoo gab's schon lange nicht mehr bei der *Tafel*, Shampoo bräuchtest du, und Waschmittel; und Zahnpasta; und Schuhcreme; aber der Gutschein ist nur für Lebensmittel. Und weil es zu viele geworden sind in der Schlange dort, gibt die *Tafel* (gegen Vorlage deines *Tafelberechtigungsausweises*) (Farbe grün, 1 erwachsene Person) dir nur noch alle zwei Wochen was aus. Also in zehn Tagen wieder. Falls du bis dahin Geld für eine Fahrkarte auftreibst; oder wenn du schwarz fährst; denn an deinem Wohnort gibt es keine *Tafel*. Die *Tafel* liegt versteckt in einem Hinterhof in der Nähe des *Jobcenters*. Acht Kilometer mit leerem Wägelchen hin, na schön, aber zwei Stunden mit vollem zurück, das geht nicht.

An der Kasse gibst du deinen Bettelzettel ab. Hinter dir warten fünf andere Leute. Die Kassiererin hält den Beweis deiner Bedürftigkeit, deiner *sozialen Schwäche* hoch und ruft ihrer Kollegin zu: »Eeeerna, da is' schon wieder eine mit so 'm Hartz-Gutschein. Nehm' wir so was aaan?« Alle kriegen es mit. Hinter dir wird es still. Du spürst, was sie denken; wenn du Pech hast, hörst du es auch. Die Kassiererin schreit: »Eeerna?! Sanktions-Gutschein? ... Nee? ... Nee, also so was nehmen wir nicht an.«

Die meisten Läden nehmen *so was* nicht an.

Warum?

Weil viele *so was* nie gesehen haben; nie gehört haben davon.

Weil sie nichts wissen von einem Überlebensgutschein. Weil sie ihn nicht kennen. Oder *weil* sie ihn kennen. Dann wissen sie, wie das weitergeht; nämlich erst mal gar nicht. Denn bevor das *Jobcenter* dem Laden das Geld für einen *Lebensmittelgutschein* überweist, vergehen nicht selten schon auch mal drei Jahre.

Du gehst in drei Läden. Zu Fuß. Vergeblich.

Es sieht aus wie eine *Hilfeleistung*. Aber es ist Folter. Zusätzliche Folter.

Noch Fragen? ... Warum du sanktioniert wurdest? Weil die Quote erfüllt werden muss.

Noch Fragen? ... Ja, auch Schwangere werden voll sanktioniert.

Ja, auch jungen Müttern wird alles genommen.

Wie sie nach der Stromsperre ihrem Baby das Fläschchen warm machen sollen? ... Tja ... wie?

Die Verfassungsmäßigkeit von Hartz-IV-Sanktionen wird derzeit vom Bundesverfassungsgericht geprüft. (Normenkontrollverfahren 1 BvL 7/16 zu den Vorlagefragen SG Gotha S 15 AS 5157/14).

Dazu forderte das BVerfG verschiedene Sozialverbände auf, Stellung zur Sanktionspraxis zu nehmen.

In der Zeitschrift *quer* (Nr. 19, Juli 2017) heißt es dazu: »Fünf von sechs Stellungnahmen sachkundiger Dritter machen mehr oder weniger deutlich, dass sie erhebliche Kritik an der Sanktionspraxis haben. Auch stellen sie fest, dass die Sanktionen offensichtlich andere Intentionen haben, als Bedürftigen zu helfen (Einsparungen, Druck, jedwede Erwerbstätigkeit anzunehmen, Auswirkungen auf den allgemeinen Arbeitsmarkt). Weiterhin wird mehrfach in Frage gestellt, ob, bzw. negiert, dass Sanktionen im Zusammenhang mit der Gewährleistung des sog. soziokulturellen Existenzminimums überhaupt verfassungsgemäß und speziell im Hinblick auf den Schutz der Menschenwürde anwendbar sind ...

Doch am wichtigsten bei der zu erwartenden Entscheidung wird die gesamtgesellschaftliche Botschaft sein. In Zeiten, in denen nicht nur in Deutschland politisch rechte Kräfte immer mehr erstarken, wird das Bundesverfassungsgericht darauf eine Antwort geben müssen, ob der Staat seine Bürger*innen erziehen darf – autoritär erziehen und mit Strafen (Sanktionen) belegen. Darf der Staat seinen Bürger*innen (Teile der) Lebensgrundlagen entziehen (hier z. B. durch Streichung der Kosten der Unterkunft)? Darf der Staat Menschen in eine Lebenssituation bringen, in der ihnen die politische Teilhabe faktisch entzogen wird? Nur wer arbeitet, darf essen? ... Wie viel wert ist der Art. 1 des deutschen Grundgesetzes in der Lebenspraxis?[48]

Verschiedene Sozialverbände, beauftragt vom BVerfG, haben Stellung zur Rechtmäßigkeit von Sanktionen genommen.

Die Diakonie Deutschland kommt zum Schluss, dass das »Sanktionsregime ... unbedingt korrekturbedürftig ist.« Sanktionen stellten einen »unverhältnismäßigen Eingriff in das Grundrecht auf Gewährleistung des Existenzminimums« dar« und seien »menschenrechtlich fragwürdig«.

Der Deutsche Caritasverband befürwortet Reformvorschläge und übt erhebliche Kritik am derzeitigen Gesetz und der Alltagspraxis der Jobcenter.

Auch der Deutsche Paritätische Wohlfahrtsverband kommt zu dem Ergebnis, dass die Sanktionsregeln im SGB II in der bestehenden Form als verfassungswidrig anzusehen seien und bemerkt, dass (auch wegen der komplizierten Antragstellung) »physisch und psychisch beeinträchtigte Personengruppen überproportional häufig sanktioniert werden«. Der Verband weist darauf hin, dass selbst bei schwersten Straftaten und lebenslangen Freiheitsstrafen das Existenzminimum zu gewährleisten ist« und »dass Sanktionen auch genutzt werden, um Ausgaben zu reduzieren. Die so realisierten Einsparungen sind ... mit 1,7 Milliarden Euro im Zeitraum von 2007 bis 2015 beträchtlich.«

Der Sozialverband VdK Deutschland betont, dass es durch Sanktionen zu einer »Gefährdung der physischen Existenz« kommen kann. Für den VdK »stellen Sanktionen nach den §§ 31 ff SGB II regelmäßig einen Eingriff in das Grundrecht aus Artikel 1 Abs. 1 GG i.V.m. Artikel 20 Abs. 1 GG dar ...«

Tacheles e.V. (Erwerbslosen- und Sozialhilfeverein): Für Tacheles steht fest, dass Sanktionen »verheerende Auswirkungen auf die Lebensführung der davon betroffenen Leistungsberechtigten« haben und »nicht selten unmittelbar in existenzielle Notlagen« führen. Wie schon der Deutsche Paritätische Wohlfahrtsverband, verweist auch Tacheles darauf, dass die Menschenwürde und die existentielle Absicherung selbst Straftätern gewährt werden müssen – gemäß BVerfG-Urteil vom 21.06.1977, 1BvL 14/76, Rn. 146.

»Die Sanktionsvorschriften treten – seit dem 01.01.2007 noch offener als zuvor – unverblümt als Repressionsinstrument in Erscheinung.«[49]

»Es gibt viele Arten zu töten. Man kann einem ein Messer in den Bauch stechen, einem das Brot entziehen, einen von einer Krankheit nicht heilen, einen in eine schlechte Wohnung stecken, einen durch Arbeit zu Tode schinden, einen zum Selbstmord treiben, einen in den Krieg führen usw. Nur weniges davon ist in unserem Staate verboten.«[50]

Bertolt Brecht

68 Euro im Monat sind für eine »ausreichende, gesunde, abwechselungsreiche Kost nach Empfehlungen der Weltgesundheitsorganisation ausreichend« Bei Hartz IV gibt es nur für Lebensmittel 132 Euro im Monat. »Diese üppige Ausstattung des Regelsatzes mit Geld für Nahrungsmittel ist mit den Zielen der Sozialhilfe insoweit nicht erklärbar.«[51]

Friedrich Thießen, Wirtschaftswissenschaftler, 2008

6. KAPITEL

DIE TAFEL UND DER RESTETISCH

DER RESTETISCH

Tafel klingt nach edlem Porzellan

Tafel – das tönt verlockend; klingt nach besonderem Anlass, gehobener Gesellschaft, gedämpfter Unterhaltung, diskreten Kellnern, Kronleuchtern, langen Ebenholztischen, bedeckt von schwerem Damast und blütenweißen Stoffservietten; klingt nach edlem Porzellan und glänzend poliertem Silberbesteck, nach akkurat ausgerichteten Gedecken, nach im Kerzenlicht funkelnden Karaffen und Kristallgläsern; klingt nach Einladung zum Diner, zum Fünf-Gänge-Menü vom Sterne-Koch, bei dem familiäre oder geschäftliche Bande gestärkt oder zarte geknüpft und Staatsverträge oder Ehen besiegelt werden.

Tafel – das klingt nicht nach einer meist versteckt liegenden, engen und heruntergekommenen Vergabestelle für Essensreste, vor deren Tür auch bei Regen und in klirrender Kälte Hunderte von Menschen anstehen, die nicht einmal mehr Geld für Grundnahrungsmittel haben.

»*Die Tafel*« ist ein Restetisch für Arme

Wer das Wort *Tafel* hört, denkt nicht an eine Hochschwangere mit bleichem Gesicht, denkt nicht an Flüchtlinge mit Panik im Blick, nicht an den alten Mann mit Flachmann in der Tasche, nicht an die genervte Jungmutter mit drei Kindern im Schlepptau und auch nicht an die humpelnde Rentnerin, die mühevoll ein abgewetztes Einkaufswägelchen hinter sich herzieht.

Eine Tafel ist ein reich gedeckter Tisch für Wohlhabende.

Die Tafel ist ein Restetisch für Arme. Das Wort *Tafel* dient hier der Beschönigung. Schönrednerei war schon immer ein beliebtes Werkzeug in der Politik; der atomare

»Entsorgungspark« lässt an fröhliche Disneyland-Ausflüge denken. Schönsprech hat sich bewährt, und so ist die Verbrämung ein unverzichtbares Werkzeug auch der neudeutschen Armutsmaschinerie.

Bei den ARGEn ist *der Kunde* nicht König

Mit zahlreichen Euphemismen wird die neue Armut (die auch nicht besser ist als die alte) aufgehübscht wie eine zahn- und haarlose moribunde Hundertjährige. Auf die geschickt platzierten Sprachköder fallen Unbeteiligte leicht herein: *Kunde* bei der *Arbeitsagentur*? Na, da ist der Kunde doch König, oder? Von da ist es dann nicht mehr weit bis zum irrigen Fazit: »Diese Arbeitslosen, die kriegen doch eh alles, was sie wollen!« Doch bei den ARGEn, bei Hartz IV, ist *der Kunde* nicht König, und auch *die Kundin* zählt wenig. Nur Betroffene nennen die Dinge beim Namen; und so wurde höhnisch gelacht über den trefflichen Eigennamen *die ARGEn,* rasch wurde die *Arbeitsagentur* umbenannt in *Aussortierungsagentur*, und als herauskam, dass 70 % aller *Bescheide* fehlerhaft sind (freilich stets zum Nachteil der Armen), übersetzten Eingeweihte die Abkürzung *ARGE* mit *Allgemeines Rechtsfreies Gebiet.* Zwar sind die gewitzten Fälschungen der Arbeitslosenstatistik den mittellosen Betroffenen ziemlich egal; doch der Amts-*Einladung* Folge zu leisten, sind sie gesetzlich verpflichtet, fühlen sich also nicht ein-, sondern *vorgeladen,* und kundige KundInnen gehen nur mit Zeugen zum *Mobcenter.* Dort wird ihr *Antrag auf Leistungen zur Sicherung des Lebensunterhalts* (irgendwann mal) bearbeitet.

Lebt der oder die Antragstellende nicht allein, werden in die *Bedarfsgemeinschaft* auch Familienmitglieder gezwungen, die überhaupt nicht bedürftig sind, denen aber somit eine ähnliche Stigmatisierung droht.

Dann legt der *Fallmanager* (nach Sanktionen gern auch als *Fallbeilmanager* empfunden) seiner *Kundschaft* eine *Eingliederungsvereinbarung* oder *EV* zur Unterschrift vor.

(Wer hat die nun Hilfsbedürftigen zuvor ausgegliedert?)

Da in der *EV* meist nichts vereinbart, sondern einseitig diktiert wird, widerspricht die fälschlicherweise so genannte Vereinbarung dem Vertragsrecht; Nichtunterschrift ist also rechtmäßig. Die Unterschrift zu erzwingen, ist der Behörde demzufolge verboten; gleichwohl legt sie bei *Unterschriftsverweigerung* (wie sie es mit einem Schlechtsprechwort benennt) der königlichen *Kundschaft* gern per *Sanktionsandrohung* die Daumenschrauben an.

Jedes Schreiben lässt Betroffene erzittern

Auch *Sanktion* ist ein Hehlwort; es verhehlt die Wahrheit: *Sanktion* bedeutet die brutale Kürzung, *Vollsanktion* den kompletten Entzug des grundgesetzlich garantierten *Lebensminimums* – eine Strafe, die, ließe man sie Mördern und Kinderschändern angedeihen, Empörungsstürme zur Folge hätte. Bei Schwangeren und ihren ungeborenen Kindern wurde diese Strafe tausendfach verhängt, mit ausdrücklicher Billigung der Regierung.[52] Die große Aufregung blieb aus. Die meisten wissen ja nichts davon.

Die Angst ist groß; jedes Behördenschreiben lässt Betroffene erzittern. Per *Sanktion* werden Wehrlose in Panik, Schulden, Hunger, Obdachlosigkeit und Krankheit getrieben – und auch in den Tod.

Doch der tödliche Zimmerbrand, der plötzliche Herztod, die Selbsttötung, sie erscheinen bestenfalls als kleine Notizen in der Zeitung, kaum aber im Zusammenhang mit Hartz IV.

Aber wer will es auch so genau wissen?

Aber wer will auch schon so genau wissen, warum sich wieder mal jemand umgebracht hat? Wer will schon wissen, dass die Ursache für die tödlichen Brandverletzungen eine *Sanktion* war, infolge derer eine Stromsperre verhängt wurde, weshalb ein verzweifeltes Paar ein (leider defektes) Notstromaggregat anschloss, um ein Fläschchen Milch (bei der *Tafel* ergattert) fürs Baby warm zu machen? Wer will schon wissen, dass ein Herz nur versagte, weil ihm Hilfe versagt wurde? Weil nach einer *Sanktion* sich ein Mensch die Rezeptgebühr für lebenswichtige Medikamente nicht mal mehr vom Mund absparen konnte?

Sanktioniert klingt nach »heilig« (und heißt ja auch »abgesegnet«), klingt politisch entschlossen, modern, zeitgemäß und polyglott; also irgendwie schick, zumal ja auch Staaten *sanktioniert* werden. Und so will niemand die schönfärbenden Worte ergründen; nur zu gern lässt man sich einlullen vom beruhigenden Klang.

Die Strafe wird vollzogen, bevor das Urteil gefällt ist

Wird die freiwillige Unterschrift verweigert, werden die Inhalte der *EV* (egal wie sinnlos) per *Verwaltungsakt* erzwungen. Doch immerhin bietet der *Verwaltungsakt* die Möglichkeit zu juristischer Gegenwehr, anders als der Sklavenvertrag namens *EV*, der, wenn freiwillig unterschrieben, bindend ist. Maßnahmen und 1-Euro-Jobs, zu denen die unkönigliche Kundschaft gezwungen wird, geben gute Geschenke für die Wirtschaft ab und dienen bestens auch der Disziplinierung.

Widerspruch hat keine aufschiebende Wirkung bei einer *Sanktion;* einmal verhängt (egal wie unrechtmäßig), bleibt sie in Kraft bis zum finalen Gerichtsurteil; bis dahin können Jahre vergehen. Die Strafe wird vollzogen, bevor das Urteil gefällt ist. Was bei Mördern undenkbar erscheint, ist bei Arbeitslosen Alltag.

So landet Alt und Jung am Restetisch namens *Tafel*

Kaum ein Mensch, kaum ein Wert bleibt verschont. Das Wort *Schonvermögen* suggeriert sowohl barmherzige Schonung als auch üppiges Vermögen, doch armen Alten lässt man nicht einmal mehr die Eigentumswohnung: Bei *Grundsicherung im Alter* bleiben auch nach einer Erhöhung im Jahr 2017 nicht mehr als 5.000 Euro von staatlichem Zugriff verschont. Mit solchem »Vermögen« vermag niemand viel: ein kaputter Kühlschrank, eine neue Brille: für den Zahnersatz reicht es dann schon nicht mehr. Und so landet Alt und Jung am Restetisch namens *Tafel*, genau: *Die Tafel.*

Anfangs wurden das Almosen an meinem Wohnort wöchentlich verteilt, später, als zu viele *TafelkundInnen* kamen, nur noch zweiwöchentlich.

Den *Tafelausweis* habe ich noch; fettig, da war in der Einkaufstasche etwas Öliges ausgelaufen, das unzulänglich abgepackt war; denn auch ich stand bei der Tafel um Essen an, phasenweise, über mehrere Jahre verteilt, insgesamt etwa 80 Mal. Wie das so ist?

»Da bist du nun also gelandet«

Da bist du nun also gelandet, gestrandet in der mittelalterlich anmutenden Reihe der Almosenempfänger. Wenn du dich überwunden hast und endlich dort stehst, zum ersten Mal, noch ohne Tafelausweis, ohne *Berechtigungsschein* (den du nun, unter Vorlage einer *Bedürftigkeitsbe-*

scheinigung – z. B. des *ALG-II*-Bescheides – erst beantragen musst), wenn du dort stehst, springt jahrtausendealtes Elend dich an. Bilder aus Märchen- und Lesebüchern, St. Martin und der nackte Bettler kommen dir in den Sinn, das Mädchen mit den Zündhölzern, das Sterntalerkind. Angst vor Hunger und Kälte steigt in dir auf, Angst vor Verfolgung. Todesangst. Das weit Entfernte (Inflation!), das Unvorstellbare (Rationierung!), das Schicksal (Lebensmittelmarken!) das immer nur das Schicksal anderer war, ist nun, hier in der Warteschlange, auch deine Lebensrealität. Und plötzlich, hinter dir, hörst du eine Frauenstimme: »Wos? Der Pudel-Sepp is' gschdorm? Na! Ja wann is denn da gschdorm? Jo, aba i hob'n doch no gseng, voa vierzehn Togn! Meiomei, der Pudel-Sepp!« ... und du glaubst dich in die *Dreigroschenoper* versetzt; fühlst dich wie bei der Statisterie in einem Film; bist dir selbst und deinem bisherigen Leben entfremdet.

Mit dem Abstempeln des Ausweises wirst du abgestempelt

Und wie nett dann all die ehrenamtlichen HelferInnen auch zu dir sein mögen, mit dem Abstempeln des *Tafelausweises* wirst auch du abgestempelt; abgestempelt als *unten*. Nicht *ganz unten:* Unter dir, also wirklich *ganz unten*, gibt es noch die Obdachlosen; doch die bislang undenkbare *Obdachlosigkeit* rückt jetzt so nah, dass dich friert.

Eine Freundin erzählte, sie sei von einem freundlichen Rentner abgestempelt worden, der am engen, zugigen Eingang der Tafel an einem kleinen wackligen Tisch saß; manchmal, wenn sie ihm den Ausweis überreichte, habe er ihre Hand getätschelt. Bis heute wisse sie nicht, ob die Geste tröstend gemeint oder einfach nur dreist und gemein gewesen sei. Es sei nicht eindeutig, sei eine euphemistische Geste gewesen. Darum habe sie sich nicht zu wehren gewagt und sei auch weiter dort hingegangen, weil sie es sich nicht habe leisten können, auf die Tafel zu verzichten.

900 Restetische für Arme sind ein Skandal

Was geschieht, wenn einem das geschieht? Wer nichts hat, muss froh sein, denn ohne die Tafel ginge es nicht. Und als die 900. Tafel ihre Pforten öffnete, waren alle froh und es gab eine große Party. Aber war das ein freudiger Anlass? Nein. 900 deutsche Restetische für Arme sind ein Skandal.

Neben der psychischen Herausforderung kann der Gang zur *Tafel* auch praktische Probleme mit sich bringen. Als *Aufstockerin* mit kurzfristig anberaumten Arbeitsterminen konnte ich die vorgegebenen Tafelzeiten nicht immer einhalten; so ging ich oft leer aus. Ein Freund drang darauf, mich (damals gehbehindert) »doch wenigstens da hinzubringen«. Doch er fuhr einen Mercedes, und ich kannte die giftigen Seitenhiebe gegen die »angeblich Armen, die in ihren dicken Schlitten zur Tafel fahren«. Das unbarmherzige Vorurteil wollte ich nicht befeuern. Auf Krücken zum Restetisch humpelnd, zog ich weiterhin mein Wägelchen hinter mir her. Ein anderes Hilfsangebot nahm ich an, als ich beruflich unterwegs war; widerrechtlich gekürzte Leistungen von den *ARGEn*, noch keine Gagenzahlung, und *Tafelberechtigung* nur am fernen Hauptwohnsitz: So kam es, dass ich während anstrengender Bühnenproben nicht genug zu essen hatte.

»Man kann ja dran riechen!«

Zwar waren die gutherzigen TafelhelferInnen stets bemüht, den Bettelarmen Gutes zu tun; doch wer vegan lebt, möchte wenigstens knackiges Gemüse; das war oft, aber längst nicht immer frisch.

Und wenn man mildtätig etwas zugesteckt bekommt, das nicht mehr verkauft werden darf, gerät man in Zwiespalt: Einerseits lebt man nachhaltig-stolz gegen die Verschwendung von Lebensmitteln an, indem man sich sagt, die Dosentomaten seien ja (trotz erheblicher Überschreitung des Mindeshaltbarkeitsdatums) noch essbar; andererseits wird Dankbarkeit erwartet für eine Gabe, die offiziell bereits als Abfall gilt. »Aber man kann ja dran riechen, bevor man's isst, nicht wahr?« Das habe ich mit leicht verderblichen Lebensmitteln zwar schon immer so gemacht; doch wurde ich das Gefühl nicht los, Essen, das man normalen Menschen nicht zumutet, sei für eine wie mich immer noch gut genug.

Einmal lud ich gute Bekannte zum Abendessen ein.

Der gefüllte Kürbis schmeckte phantastisch und die Stimmung war ausgelassen; bis jemand fragte: »Hmmm! Gut, dass so viel da ist! Wo hast du denn diesen riesigen Kürbis her?« – »Von der Tafel« sagte ich wahrheitsgetreu. Das Gespräch kam nur zögerlich wieder in Gang. »Möchte noch jemand?« – Plötzlich waren alle satt. Zwar wusste die Runde, dass ich Tafelkundin war, und nie hatte sich jemand verächtlich dazu geäußert; doch nun hatten sie selbst etwas von der Armentafel gegessen; hatten vom Almosen gekostet ... Auch die Nachspeise blieb stehen. Man kann ja nie wissen.

Kein Wunder, dass manchmal jemand durchdreht

Mildtätige Tafelspenden helfen nicht nur den Armen; sie helfen auch einigen Läden, Entsorgungskosten zu sparen, und Steuern obendrein, weil's für Tafelspenden eine Spendenquittung gibt.

Die Tafellogistik ist gewaltig; McKinsey half, sie aufzubauen. Saß von denen nicht schon einer in der Hartz-Kommission? Honi soit qui mal y pense: Für viele ist *die Tafel* die letzte Rettung. Aber wie notwendig das Angebot auch ist, fest steht: Die Tafel ist keineswegs ein unproblematisches Hilfsangebot für Bedürftige. Anstelle des grundgesetzlich verankerten Rechts auf Nichthungernmüssen tritt die milde Gabe. Rechtschaffene Bürger und Bürgerinnen werden zur AlmosenempfängerInnen. Kein Wunder, dass ab und an jemand durchdreht und den helfenden Händen einen vergammelten Blumenkohl vor die Füße wirft.

Zwei Mal habe ich mich geekelt. Einmal vor einem Bündel schleimiger Hallimasch-Pilze, die mir mit einem augenzwinkernden »Muss man nur bissl putzen, wir haben heut' so viel davon« rasch in die Tasche geschoben wurde, und einmal, an einem Adventsnachmittag, nach langem Anstehen im Schnee, als ich mir daheim einen heißen Tee einschenkte, freudig in ein Tafel-Früchtebrot biss und den Mund voll von Schimmel hatte.

Ja, das kann auch sonst passieren; in einem ganz normalen Geschäft bei einem ganz normalen Einkauf; aber wenn Almosen verdorben sind, fühlt sich das eben doch noch mal anders an. Für mich war es ein Moment der Demütigung, und ohnmächtige Wut stieg in mir auf.

»Schokolade ist Schokolade!«

Gewöhnungsbedürftig ist auch die saisonale Verschiebung, zu dem Restetisch-Arme gezwungen werden. Vor Ostern gibt's die Ladenhüter-Nikoläuse, die vom letzten Weihnachtsfest übriggeblieben sind, dazu ein aufmunterndes »Naja, Schokolade ist Schokolade! Kann man ja klein machen, nicht wahr!« (Unsere Zustimmung wollen sie auch noch.) Gewiss, aber wie setzt man aus den Bruchstücken dann einen Osterhasen fürs Kind zusammen (wenn es schon keinen Weihnachtsbaum-Etat mehr gibt und keinen Cent für die Bewirtung von Gästen)?

Ich war froh, dass ich kein Kind mehr im Haus hatte, keine Milchschokolade esse und keinen Weihnachtsbaum mehr aufstellen muss.

Doch die Spuren der Entwürdigung wird man nur schwer wieder los.

Eigentlich fast so gut wie

Du triffst dich mit den anderen vom Kurs. Zum Essen. Und Plaudern. Zweimal im Jahr. Seit vier Jahren. Seit ihr euch kennengelernt habt, bei einer Maßnahme der Arbeitsagentur. PC und so. Nur Frauen. 20. Zwei davon haben einen Job gefunden, eine bezieht inzwischen Rente (mit dem Rentenanteil ihres verstorbenen Mannes lebt sie ganz gut), die anderen sind nach wie vor arbeitslos. Aber gut verheiratet. Bis auf eine. Sieben von ihnen, darunter du, haben sich angefreundet und suchen nun regelmäßig gemeinsam ein Restaurant auf. Zum Plaudern. Und Essen. Du bist Freiberuflerin. Aufträge sind rar; deine Branche floppt. Vor vier Jahren lief fast gar nichts, da warst du *Aufstockerin* und dir wurde die zuvor erwähnte *Maßnahme* zuteil; Dauer: drei Monate, Nutzen: keiner. Aber es war nett mit den anderen Frauen. Und danach schien es wieder aufwärts zu gehen mit der Branche. Aber jetzt ist es wieder miserabel geworden. Du bist nicht gut verheiratet, du bist überhaupt nicht verheiratet; und so dümpelst du aufs Neue bei Hartz IV herum, unter der Rubrik *Leistungsbezug ohne Arbeitslosigkeit.* Du hast Einkommen, aber das wird auf die Leistungen angerechnet, heißt, davon abgezogen; bis auf hundert Euro *Arbeitsanreiz*. Du brauchst keinen *Arbeitsanreiz*. Den *Arbeitsanreiz* butterst du regelmäßig in deinen Bürobedarf. Aber das reicht nicht für einen neuen Rechner. Du bräuchtest einen neuen Rechner. Berufliche Ausgaben kannst du geltend machen, sofern deine Einnahmen die Ausgaben übersteigen, aber ob dein Sachbearbeiter sie anerkennt, liegt in seinem Ermessen. Ob sie angerechnet werden oder nicht, weißt du infolgedessen immer erst hinterher.

Eckregelsatz. Da bleibt nichts übrig, schon gar nicht, wenn man arbeitet, denn auch arbeiten kostet was. Doch das Geld reicht kaum für die Monatsfahrkarte. Für ein

Buch oder ein Auswärtsessen schon gar nicht. Es reicht nicht mal fürs Essen zuhause.

Das Essen holst du dir seit kurzem bei der Armentafel.

Und deshalb bist du drauf und dran, das heutige Treffen mit deinen PC-Freundinnen abzusagen, denen es allen (noch) besser geht?

Sag nicht ab, auch wenn es schwerfällt. Geh hin, bestell ein Glas Saft, oder Tee. Oder einen Cappuccino. Aber nur, wenn's Sojacappuccino gibt, vegan. Da machst du keinen Kompromiss. »Einen Sojacappuccino bitte!« Und dabei bleibst du. Den ganzen Abend. Mehr kannst du dir nicht leisten. Das ist ein Fakt. Keine Sentimentalitäten. Du bist nicht hungrig. Du hast gegessen, daheim, bevor du aufgebrochen bist. Spaghetti mit Tomatensoße aus frischen Tomaten und Basilikumblättern. Du möchtest mit den Frauen zusammensein, aber mehr als ein Tässchen irgendwas ist nicht drin. Und auch das nur zu besonderen Gelegenheiten, also heute. Sei wachsam, beobachte deine Gedanken. Gib nicht nach, wenn sie dich verführen wollen, doch etwas mehr zu bestellen, wenigstens ein Süppchen oder nur einen kleinen Salat ... weil das sonst so komisch aussieht; weil das doch blöd wirkt sonst. Sei ehrlich: Weil du nicht unangenehm auffallen willst? Weil du den anderen nicht den Spaß verderben willst? Wo bleibt dein Spaß? Hier ist er. Du hast kein Geld und handelst entsprechend. Die anderen haben (noch) Geld. Sie bestellen Wasser; ein paar Aperitifs (Pink Bird, Rossini, Bellini, Sherry Tio Pepe), Wein und Bier (Müller-Thurgau, oder nein, lieber doch einen Riesling Kabinett; Dahlheimer Kranzberg Dornfelder; ein Helles; Blauer Zweigelt; ein Alkoholfreies; Altavilla della Corte, Cabernet Sauvignon).

»Zum Wohl!«

Du bleibst bei (einem!) Almdudler oder (einem!) Bitter Lemon oder (einem!) Tomatensaft. Ist Bitter Lemon vegan?

Almdudler ist vegan. Oder bleiben wir beim Sojacappuccino, den gibt's hier. Das ist nicht selbstverständlich und ein Grund, glücklich zu sein. Du bleibst also beim Sojacappuccino und einem Glas (Leitungs-) Wasser; nippst glücklich an deiner Tasse und an deinem Glas; nippst kleinlippig: Soll ja reichen für zwei bis drei Stunden Spaß.

Die Freundinnen bestellen. Salat (Erdbeer-Chicorée-Salat, Feldsalat mit roten Linsen, Waldorfsalat, Großer gemischter Salat, Alexandrowa-Salat), Vorspeisen (Gratinierter Ziegenkäse, Tafelspitzsülze); Süppchen (Kokos-Currycremesuppe, Schaumsuppe von der Brunnenkresse, Fruchtige Tomatensuppe mit frisch gehobeltem Parmesan und Basilikum.) (Na, so was Ähnliches hattest du ja vorhin auch).

»Und als Hauptgericht?« Freundlich, aber bestimmt winkst du ein zweites Mal ab: »Nichts. Danke.« Atemanhalten am Tisch; unmerkliches Liderzucken. Bleib standhaft. Du sagst nicht: »Ich suche noch!« Du sagst nicht: »Tut mir leid, aber mein Magen spielt heute verrückt.«

Du hast nichts zu vertuschen. Knuspriger Gemüsestrudel mit Pesto, Tomatenfondue und Kressekartoffeln. Du hast kein Geld. Gnocchi al diabolo mit Trüffelsplittern. Wenn deine Freundinnen meinen, es vertuschen zu müssen, so ist das ihre Sache. Spanferkelbraten mit Spitzkraut, Dunkelbiersoße und Kartoffelknödel. Sie wissen, dass du keine Schlankheitskur brauchst. Safranrisotto mit grünem Spargel.

Sie wissen, dass du *ARGEn*-abhängig bist. Riesenpizza mit Tomaten, Edelpilzkäse, Pizzakäse, Schafkäse und Hartkäse. Sie wissen, dass du kein Geld hast. Lachsforellenmedaillons auf roten Rüben mit zartem Gemüse und Krenschaum. »Guck mal, hier, die haben auch *Zen-Sticks, vegan!*« Sie reichen dir die Speisekarte. Du liest, aufmerksam. *Zen-Sticks mit Sojafleisch, Kirschtomaten, frischer Mango und Salat in Mango-Orangen-Ingwer-Dressing mit einer*

Note von Soja- und Arganöl! »Klingt gut, wirklich!« Du lässt eine kleine Pause, falls eine noch etwas sagen möchte. Dann sagst du noch einmal: »Klingt wirklich gut!«, und legst die Speisekarte beiseite.

»Ja dann ... Mahlzeit!« – »Guten Appetit!« – »Danke, gleichfalls!«

Ab und zu, während sie essen und plaudern, sieht eine mit einem kurzen Seitenblick auf dich und deine Tasse. Du hältst die Tasse, als wolltest du deine Finger wärmen, als gäbe es nichts Gemütlicheres, als eine halbleere Tasse mit zerfallenden Schaumresten zwischen den Handflächen zu drehen. Du erzählst, fragst, antwortest, lachst; nicht anders als die anderen; ab und zu nimmst du einen Schluck vom Leitungswasser. Wenn du sehr mutig wärst, dann würdest du sie fragen, ob es schmeckt. Und wie es schmeckt. Aber so mutig bist du nicht. So wird nach und nach, plaudernd und lachend, auch der Hauptgang verdrückt. Nicht ganz; die Riesenpizza war zu groß, das Spanferkel doch mächtiger als gedacht, die Lachsmedaillons haben diesmal doch etwas zu fad geschmeckt, und, ach ja, die Augen sind oft größer als der Magen, gell, jaja, haha, und so trägt der Kellner halbvolle Teller ab.

»Darf's noch eine Nachspeise sein?«

Deine Freundinnen zögern. Aber das schafft man ja wohl auch noch, Süßes regt die Verdauung an. Schoko-Whisky-Sahne-Creme. Mousse au chocolat auf Soßenmalerei mit frischen Früchten. Tiramisu. Coup Amarena. Crème brûlée, garniert mit Rosenblättern. Und ein kleiner Espresso, als Abschluss! Oder lieber ein Verdauungsschnäpschen?

Munter weiterparlierend schabst du die klebrigen Zuckerreste aus deiner Tasse. Inzwischen hast du ein paar Stiche in der Herzgegend verspürt und ein paar Mal schwer geschluckt. Das ist angemessen.

Es ist schon vorgekommen, ab und zu, nicht oft, dass jemand gefragt hat, wie es denn da so sei, bei der Tafel; und ganz beiläufig hast du gesagt: »Kannst ja mal mitkommen!« Wie viele Termine sie plötzlich hatten. Auch die Hausfrauen. Erstaunlich. Immer donnerstags. Immer an Tafel-Nachmittagen. Manchmal konntest du dich über die Ausflüchte amüsieren; manchmal aber hat es wehgetan zu spüren, dass niemand dort stehen will, wo du stehst. Nicht einmal freiwillig, nur für eine halbe Stunde, nur um zu erfahren, was dir widerfährt.

Heute Abend fragt keine.

Es ist nicht einfach. Auch bei der *Tafel* ist es nicht einfach. Zwar ist niemand dir böse, wenn du etwas nicht magst. Aber du sagst so oft nein. Käse? Nein Danke. Hering in Sahnesoße? Tut mir leid. Sülze? Ich esse kein Fleisch. Wurstsalat? Nein Danke, auch nicht. Vielleicht eine Tüte Chips? Tut mir leid, aber da ist auch Tier drin. Ach wirklich?

Sie meinen es gut, aber es ist nicht einfach.

Auch mit den Freundinnen ist es nicht einfach. Doch der Abend ist noch nicht zu Ende. Sei geduldig. Warte ab. Vielleicht, wenn der Kellner zum Kassieren kommt (zu dir kommt er zuletzt, fast hätte er vergessen, dass du da bist), vielleicht zahlt dann doch eine von den anderen deinen einen sonderbaren Cappuccino. Wenn nicht, hast du was dazugelernt über die Welt, in der wir leben. Und weißt, hoffentlich, dass du dich nicht schämen musst. Dass nicht du dich schämen musst. Und schon gar nicht anderen die Scham abnehmen. Und vielleicht, wer weiß, konntest du den Abend sogar genießen. Wenn nicht, hast du was dazugelernt, über dich und die Welt. Aber vielleicht bezahlt ja heute Abend eine für dich mit. Könnte ja sein. Nur wenn jemand mitkäme mit dir, zur Armentafel, das würde dich wundern. Immerhin – möglich ist es.

Meine Tochter war für ein paar Tage angereist aus der Ferne, Semesterferien. Auch sie hatte Angst; jedeR hat Angst davor; fast alle tun ja fast alles, nur um nicht dort zu landen. Denn dort ist ganz unten. Oder fast. Aber Tochter stellte sich mit in die Schlange, draußen vor der Tür zur Tafel. Es regnete.

»Schon ein blödes Gefühl. Andererseits ... die Leute grüßen einander ... reden ... lachen ... und die Kinder hüpfen in den Pfützen. Ganz normal eigentlich; aber wir stehen ja auch hier rum und sind ganz normal, oder? Und ... und wie läuft das jetzt ab?« – »Wie im guten alten Tante-Emma-Laden. Du sagst, was du brauchst; musst nicht alles nehmen, was man dir anbietet; man muss nicht alles mögen, nur weil man arm ist. Hier, das Kärtchen; zum Abstempeln; du musst allein dort rein; ist zu eng da für mehrere.« – »Na gut; aber die denken jetzt sicher: ‚So jung und kriegt schon Stütze!' Ganz schön blöd, was man so denkt, hm? Was man so denkt, was andere denken ...«

Sie ging hinein. Und kam wieder, mit dem prallgefüllten Rucksack auf dem Rücken. Wir machten uns auf den Heimweg. »Aber irgendwie ist es auch befreiend«, sagte sie. »Zu erfahren, wie das ist; nicht angenehm, aber da sein zu können, wo niemand sein will, das ist befreiend. Dort stehen zu können, wo niemand stehen will. Und zu sich zu stehen, auch dort.«

Und daheim, als wir zu Mittag aßen (Spinatlasagne mit einer knusprigen Kruste aus veganem Parmesan, zum Dessert Panna cotta aus Mandelmilch mit frischen Himbeeren, beides leichtfertig dazugekauft), sagte sie: »Weißt du, Mama, eigentlich lebst du jetzt vorbildlich ökologisch; denn das würde ja alles weggeworfen, wenn's die Tafel nicht gäbe. Ist doch cool. Und die Einkäufe werden dir heimgetragen; naja; zumindest heute. Und zahlen musst du auch nicht, wenn du da ... einkaufst. Also eigentlich ... eigentlich lebst du doch fast so gut wie Königin Elisabeth, oder?!«

»Alle Deutschen genießen Freizügigkeit im ganzen Bundesgebiet.«

Grundgesetz, Artikel 11 (1)

»Die elektronische Fußfessel bietet ... auch Langzeitarbeitslosen die Chance, zu einem geregelten Tagesablauf zurückzukehren ...«[53]

Christean Wagner, hessischer Justizminister, 2005

7. KAPITEL
HARTZIGES REISEN

WENN ARMUT SICH IM WHIRLPOOL AALT

Jede Ortsabwesenheit über Nacht bedarf staatlicher Genehmigung; doch berufliche Termine sind bei Freischaffenden oft mit Reisen verbunden und kommen im Schauspielberuf meist kurzfristig, sodass für die obligate Antragstellung (und angesichts der ausnahmslos langen Bearbeitungszeiten vor allem für die Genehmigung) keine Zeit geblieben wäre. Und so nahm die Aufstockerin sich frech die Freiheit heraus, berufliche Abwesenheiten nicht zu beantragen, sondern dem sehr geehrten Herrn Fallmanager nur vorab schriftlich mitzuteilen, unter Beifügung eines offiziellen Nachweises, z. B. eines Programmhefts. Dieses Vorgehen wurde erstaunlicherweise weder gerügt noch sanktioniert.

(Ist ja nicht alles schlecht bei jedem Jobcenter!)

2009, August: München – Garmisch Packen bei Nacht nach Hüft-OP

Sommer! Sonne! Bienensummen! Blumenwiesen! Berge! Reiselust! Hartz IV. Also war an Reisen nicht zu denken. Doch dann, im August 2009, lud mich ein Freund in seine Ferienwohnung ein, für eine Woche, nach Garmisch. Sein Reisepartner war plötzlich erkrankt; die Einladung kam kurzfristig. Ich zögerte. Für einen Urlaubsantrag (und die etwaige Genehmigung) blieb keine Zeit. Anderseits konnte nicht viel passieren: Ich hatte das Handy dabei, der Fallmanager kannte die Nummer, die Mitbewohnerin achtete auf die Post; und falls mich tatsächlich irgendwer irgendwie orten sollte, ja mei, dann wäre ich halt grad' notfallmäßig auf dem Weg in die Garmischer Klinik, wo man mir drei

Monate zuvor ein künstliches Hüftgelenk verpasst hatte. Ich hatte Erholung nötig und einen Urlaub verdient. Wie ich fand, ohne Pflichten zur Rechtfertigung; denn während ich auf dem Klinikareal Gehen übte, hatte das Mobcenter mir die Miete gekürzt, wobei die Klinik-Zuzahlungen von mir mittels der gekürzten Leistung zu leisten waren.

Ich sagte zu. Nur am Geldautomaten musste ich vorsichtig sein, denn die regelmäßig vorzulegenden Kontoauszüge verrieten, wann und wo eine Auszahlung erfolgt war. »12:30 Uhr, Bankfiliale Garmisch-Bahnhof, 10 Euro« ginge vielleicht noch als erlaubter Tagesausflug durch, aber Abhebungen um Mitternacht oder morgens um sieben hätten auf ungenehmigte Auswärtsübernachtung schließen lassen und zu markigen Strafen führen können. Auch durfte ich nicht vergessen, dass amtliche Nachfragen am Wohnsitz ebenso üble Folgen haben können: Die arglose Auskunft ahnungsloser Nachbarn (»Die ist verreist!«) war einer Kollegin zum Verhängnis geworden.

Mein Gepäck verstauten wir erst spätabends im Auto, klammheimlich, als es schon dunkel war. Sicher ist sicher.

2010, Oktober: Stuttgart – Münster – Stuttgart. Gestrandet in Münster

Während ich in Stuttgart für ein Theatergastspiel probte, stand auch eine Autorenlesung in meinem Terminkalender; dafür musste ich nach Münster reisen. Noch keine Theatergage, also noch *Eckregelsatz;* doch leider hatte das Amt mal wieder widerrechtlich zu wenig gezahlt; und so strandete ich in Münster; das Geld für die berufsnotwendige Rückfahrt wurde mir, nachdem ich mich am Ende der Lesung vor meinem Publikum als zahlungsunfähig geoutet hatte, freundlicherweise ausgelegt, von einem hilfsbereiten, mir bis dato unbekannten Paar.

2011, November: München – Maputo »Harz IV-Empfängerin fliegt nach Afrika!«

Das Teatro Avenida liegt an einer der vierspurigen Straßen der Millionenstadt Maputo; einst geleitet vom schwedischen Schriftsteller Henning Mankell, wurde es Schauplatz von dessen Roman *Der Chronist der Winde*.

30 Jahre Teatro Avenida! Das Theater feiert. Eingeladen zum großen Festival »Mutumbela Gogo« sind nicht nur Gruppen aus ganz Afrika, sondern auch das Stuttgarter Theater tri-bühne mit einer multinationalen, mehrsprachigen Produktion, in der ich im Jahr zuvor mitgespielt hatte. Das Gastspiel in Maputo wird aus vielen verschiedenen Töpfen subventioniert und fällt in eine Phase, in der ich (nach einer Bandscheiben-OP) mal wieder *Aufstockerin* bin.

Ach! Ich kann nicht beschreiben, mit was für einem Ällerbätsch-Gefühl ich das Jobcenter von der bevorstehenden beruflichen (also unverbietbaren) Reise in Kenntnis setzte; mit welch diebischem Vergnügen, mit welch triumphalem Freiheitsgefühl ich, für die sonst schon die Fahrt mit der S-Bahn unerschwinglich ist, mit der fröhlichen Truppe in den Flieger steige; mit welchem Genuss ich eine schlaflose Flugnacht verbringe, indem ich im Bordkino (mit individuellem Programm) all die Filme ansehe, die ich in den letzten Jahren mangels Zaster verpasst hatte.

Trotz diverser Zeitungsberichte über das grandiose Festival und unser furioses Gastspiel bekommt die Boulevardpresse keinen Wind davon, wer da alles reist in dieser Gauklertruppe. Schade eigentlich; sonst hätte man doch endlich mal wieder Schlagzeilen à la »Florida-Rolf« lesen können:

»HARTZ-IV-EMPFÄNGERIN FLIEGT NACH
AFRIKA – STEUERZAHLER ZAHLEN!«

(PS: Damit kein Misstrauen aufkommt: Selbstverständlich habe ich die Gage als anrechenbares Einkommen angegeben und durfte davon 100 Euro behalten. Als Arbeitsanreiz.)

2012, Juni: München – Göttingen
Das Bürgerrecht der Freizügigkeit, oder: Wer sich mit Unfreien einlässt, ist selbst nicht mehr frei

2012 verliebte ich mich sehr. Bald darauf bekam der Mann eine Spontan-Einladung von Freunden aus Göttingen. »Prima, da fahren wir morgen hin!« – »Ich nicht.« – »Hast du Termine?« – »Nö.« – »Na also, dann fahren wir!« – »Ich nicht.« – »Was spricht dagegen?« – »Du weißt doch, dass ich bei Hartz IV bin.« – »Na und?« – »Ich kann nicht einfach so verreisen. Ich muss vorher einen Antrag stellen.« – »Unsinn! Weiß doch niemand!« – »Du hast keine Ahnung.« – »Natürlich fahren wir! Wie sollen die das denn mitkriegen?« – »Wenn was passiert ...« – »Was soll denn passieren?« – »Wenn ich mir den Knöchel verstauche, wenn irgendwas ist und ich muss ins Krankenhaus, dann erfahren die das.« – »Na und? Also mir wär' das ja so was von scheißegal!« – »Wäre es nicht.« – »Pah, denen würd' ich was erzählen!« – »Würdest du nicht.« – »Na schön, dann erfahren sie's eben! Und?«

– »Wenn die das rauskriegen? Die streichen mir alles! Und mit 'ner Vollsanktion ist man auch nicht mehr krankenversichert; das riskier' ich nicht.«

Wir blieben daheim. Ich, weil ich dem Reiseverbot unterlag. Er aus Solidarität zu mir. Wer mit *Leistungsbeziehenden* zu tun hat, auf den färbt die Unfreiheit ab. Wer ist mutig genug, das auf sich zu nehmen?

Beim nächsten Mal fuhren wir. Ohne Genehmigung. Nach einem langen Zwiegespräch, in dem der Mann der immer noch fast unbekannten Schönen zugesagt, sie finanziell aufzufangen, wenn sie beim *Regelverstoß* gegen die *Ortsanwesenheitspflicht* erwischt würde.

(Die Absprache war streng geheim; denn hätte das Amt davon erfahren, hätte es den Liebhaber als Teil einer nachgewiesenen *Einstehensgemeinschaft* unterhaltspflichtig machen können.)

Wer sich mit Unfreien einlässt, ist selbst nicht mehr frei.

Welche junge Liebe hält das aus?

(Unsere hat es ausgehalten. 2015 haben wir geheiratet.)

Mai 2013: München – Köln »Hartz-IV-Empfängerin aalt sich im Whirlpool«

Mit Hartz IV kann man unter der Brücke enden; dass man damit im Whirlpool landet, ist eher unwahrscheinlich.

Im Mai 2013 war ich vom WDR Köln in eine Talkshow eingeladen, zum Thema *Die Tafel*. Auch diese Reise (bezahlt vom WDR) fiel in eine Phase, in der ich *ergänzendes ALG II* erhielt. Geladen war ich als Restetisch-Erfahrene und untergebracht wie alle anderen Talkgäste auch, nämlich in einem Viersternehotel; schließlich kann man die Armutsgeprüfte ja schlecht in die Jugendherberge stecken, wenn der eingeladene Staatsvertreter im Designhotel schnarchen darf. So kam es, dass ich während eines *Leistungsbezugs* im Vier-Sterne-Doppelbett träumen und mich im zimmerintegrierten Whirlpool bewasserwirbeln lassen durfte. Ich hätte gern ein Selfie für meinen Fallmanager gemacht; besaß aber nur ein altes Handy ohne Fotofunktion; zu schade.

Und die Boulevardpresse hat auch wieder eine schlagkräftige Schlagzeile verpennt:

»HARTZ-IV-EMPFÄNGERIN
AALT SICH IM WHIRLPOOL!«

»Hier hast du auch was zu trinken!«[54]

Peter Gloystein, Stellvertretender Bürgermeister von Bremen, 2005, als er bei einem Weinfest einem Obdachlosen Sekt über den Kopf schüttete

8. KAPITEL

HARTZIGE FREIZEIT – GESCHENKE UND MORALSENF

VON KNETE, MÄUSEN UND GESTÄNKEN

oder: Lass die fremde Katze nicht ins Haus!

Fundamentalistisch? Keineswegs. Wenn ich froh bin, dass der Keramik-Osterhase von der Fensterbank gesprungen ist, bevor mein damaliger Liebster ihn mir offerieren konnte, so hat das triftige Gründe. Ich habe 20 Umzüge, eine Haushaltsauflösung und eine -halbierung hinter mich gebracht, bei einem weiteren Dutzend Umzügen und Haushaltsauflösungen assistiert und im Zuge dieser Aktionen (in Buchstaben) fünftausendvierhundertdreiundzwanzig ungeliebter Präsente entsorgt und zu entsorgen geholfen. Dennoch bin ich nicht grundsätzlich gegen Schenken und Geschenke. Über vieles kann oder würde ich mich freuen und einiges könnte ich dringend gebrauchen. Generell geeignet ist alles, was sich wieder verflüchtigt, also grüne Fresskörbe, pure Naturkosmetik, hausgemachter Sirup und fair gehandelter Biokaffee. Bitte vorerst keine Marmeladen, Nudeln und Kräutertees: Als ich mein Essen bei der Armentafel holen musste, ließen mitfühlende Menschen mir so viel davon zukommen, dass ich mit dem Verkauf locker eine Ich-AG hätte aufmachen können, was ich jedoch nicht durfte, weil ich schon vorher selbständig gewesen war; so zehre ich noch heute davon. Doch auch nachdem ich dem Restetisch entronnen war, war ich eher arm. Einladungen – in die Oper (vor allem Mozart und Verdi), ins Museum, Kino, Konzert, Theater, Restaurant (am liebsten indisch), in den Biergarten oder in die Sauna – weiß ich zu schätzen. Auch gut sind Gutscheine, deren Einlösung im Alleingang erfolgt (bei der Kosmetikerin zum Beispiel oder beim Friseur), wenngleich Unternehmungen zu zweit noch weitaus vergnüglicher sind. Was praktische Dinge angeht, so habe ich einst, nachdem meine Mutter mir meine erste Waschmaschine spendiert hatte, eine Polka mit dem Installateur getanzt; aber ich kriege noch immer Zustände, wenn ich an das Teil aus dem Baumarkt denke, das ich mal von einem Mann zu Weihnachten bekam.

Es liegt an mir. Trotz serieller Armut bin ich nicht leicht zu beschenken. Feder- und Glasperlenohrringe sind der einzige Schmuck, den ich trage. Mein Kleidungsstil ist eigenwillig, und mit der Einschätzung meiner Lieblingsfarbnuancen tun Männer sich schwer.

Dessous? Oh ja! Dass der Einzige, der je versucht hat, frühlingsfarbene Spitzen-BHs in 70A zu finden, kläglich gescheitert ist, lag nicht an ihm; so was führen nur Miederwarenläden in Mailand und Yokohama. Parfum? Ein kleiner Flakon, von gestylter Verkäuferinnenhand (»Jasmin!«) einem Kerl zur Probe unter die Nase gewedelt, verströmt in der Duftboutique möglicherweise ein überzeugenderes Odeur als später dann hinter meinem süßen Ohr; noch komplizierter wird die Angelegenheit, wenn das Produkt tierversuchsfrei sein soll.

Bücher? Sofern sie nach Lektüre weiterwandern dürfen, nur zu.

Sonst: Danke, nein. Seit ich daran mitgewirkt habe, eine Viertausend-Bände-Bibliothek aufzulösen, akzeptiere ich nur noch Bücher auf Durchreise. Mit Einschränkungen. Keine Psychoratgeber mehr; keine Politiker- und Schauspielerinnenbiografien, keine Motivationsbreviere, keine Science-Fiction-Romane und keine Krimis, ich versteh' die Auflösung sowieso nie. Und damit sind wir auch schon am Ende der Liste. Rauschgoldengel, Osterlämmer aus Salzteig, Holznikoläuse, Krims und Krams, Plüsch und Kruscht: bitte nicht. Ich gebe alles zurück.

Wann meine Geschenkaversion ausgebrochen ist? Kurz nachdem meine Tochter mich zum ersten Mal angelächelt hat. Da besaß sie schon mehr Schmusetiere als Strampelhosen. Während sie mit ihren Zehen spielte und ich mir beim Ausfüllen von Anträgen auf Unterhaltstitel und Sozialbeihilfen einen Tennisarm zuzog, füllte sich das Kinderzimmer mit Spieluhren und Spielesammlungen, mit Hasen und Bären und Monchichis, mit kletternden Clowns und klingelnden Babytelefonen, mit Bällen und Flummis und Bauklötzen und Legosteinen, mit spitzen Plastiksteckern (die Narben an meinen Füßen sieht man heute noch), mit ökologischen Buntstiften, billigen Tuschkästen und giftigen Filzern, mit Knetgummi und Schleimis (jene wackelpuddingähnliche Masse, die man fleckenfrei von der Wand kratzen kann, nachdem man damit um sich geworfen hat), mit Puppen und Puzzleteilchen, mit Figürchen aus jedem dehn- und denkbaren Material, mit Bilderbüchern und sprechenden Malbüchern, mit Märchen- und Kinderliederkassetten, mit Sandspielzeug, Schlümpfen und Schlampermäppchen, mit Barbies und Barbiebedarf, mit buntem Mist, mit einer Million Objekte, von denen einige wenige großartig waren und der Rest in mindestens vierfacher Ausführung meine Wohnung zumüllte. Ich weiß nicht, wie der Krempel in mein Haus kam; ich weiß auch nicht mehr, wo ich ihn abends verstaut habe, und als ich Einspruch erhob, war es schon zu spät.

Das geliebte Schmuseschäfchen – ja, das! –, das durfte eines Tages, hochbetagt und frischgewaschen, sogar mit zur Studienexkursion.

Die übrigen Plüschtiere wurden an einem lang zurückliegenden pubertären Tag in Schachteln und Kisten auf dem Dachboden zwischengelagert. Dort blieben sie. Am Ende waren es Mäuse, die das Problem für uns lösten. Ich hätte gern mehr Mäuse gehabt. Und so war ich heilfroh, als Tante

Anna mir ein Zahnkrönchen kredenzt hat. Nein, ich habe nichts gegen Geschenke. Ich halte es nur für kontraproduktiv, wenn wohlmeinende Leute ein Kind mit sinnlosem Teuerkram überhäufen, während die Mutter von Heizkostenrechnungs-Albträumen heimgesucht wird.

Nachdem Tochter das Abi in der Tasche und die gemeine Hausmaus den Kuscheltieren einen stinkenden Garaus gemacht hatte, zog ich aufs Land, zwecks Kostenreduzierung. Kaum hatte ich 130 Faltkartons ausgepackt und mich vom Hexenschuss erholt, machte ein Wasserrohrbruch meine romantische Zufluchtsstätte unbewohnbar. Noch so ein Umzug? Ich rang mich zu einschneidenden Maßnahmen durch. Was nicht davongeschwommen oder angemodert war, also ohnehin nicht mehr mitzählte, reduzierte ich. Auf die Hälfte, exakt. Alles und jedes: Aktenordner E-Geräte Töpfe Pfannen Messer Vasen Tisch- und Bett- und Unterwäsche Schrauben Knöpfe Mobiliar Weihnachtsflitter Schönheitstiegel Osterfummel und CDs Fotoalben Bücher Bilder Kleidung Schuhe (oje). Und, oje-oje: etwas Geschenktes zu verschenken, verkaufen, versteigern oder gar zu entsorgen, das ist, als entledigte man sich der Person, von der es stammt. Wer gibt schon gern Freunde und Verwandte beim Sperrmüll ab? Man kommt sich herzlos dabei vor, barbarisch. Gaben-Rückgabe? Erfordert Mut und kommt nicht immer gut an. Eine Schulkameradin hat mir mal was Selbstgenähtes geschickt. Sie ist Profischneiderin, wusste von meiner chronischen Notlage und wollte mir was Gutes tun. In dem duftigen Kleidchen sah ich aus wie auf dem Weg zum Pfarrhausfasching. Und obwohl es mir hochnotpeinlich war, sagte ich die Wahrheit und schickte es zurück. Die S(p)enderin nahm es mit Humor. Anders ein angeheirateter Cousin, der mir mal einen zwei mal zwei Meter großen Bildkalender verehrt hat. Wahrheitsgetreu schrieb ich ihm, dass die Wände meiner neuen Wohnung kaum größer seien als seine Windjammer-Kunstdrucke, die ich daher leider nicht aufhängen könne, und fragte höflich, ob ich zurückschicken solle oder an Bedürftige weitergeben dürfe. Ich habe nie wieder was von ihm gehört. Verbannung aus dem Familiensystem endet in anderen Kulturen unweigerlich mit dem Tod der Geächteten. Geschenkverweigerung ist potenziell lebensgefährlich; bei armen Menschen wird sie als grober Undank gewertet. Gleichwohl verweigere ich mich der heuchlerischen Entgegennahme, denn die Schenkerei ist keineswegs immer nett. Sie wird, bewusst oder unbewusst, zu allerlei unlauteren Zwecken eingesetzt. Bestenfalls ist sie ein Symptom von Zuneigung, Liebe oder Aufmerksamkeit, oft eine menschliche Reflexhandlung, schlimmstenfalls grenzt sie an Diktatur und Psychoterror. JedeR kennt die Geschichte von Tante Ernas scheußlicher Vase auf dem Kaminsims. Lässt man sich leichtsinnig-unbedacht auf Geschenke ein, so droht Bevormundung bis hin zu lebenslanger Überwachung. Die Schenkeritis ist neurotisch, hat zwanghafte Züge und enthält unmissverständliche Aufforderungen, heimliche Kommentare und unheimliche Beurteilungen. An einem sonnigen Tag (*vor* dem Wasserschaden) schenkte meine Landhaus-Hauswirtin mir ein gerüschtes Blumendeckchen für meinen frischlackierten weißen Gartentisch. Die Botschaft lautete: *Binde deine Haare zusammen! Frühstücke, bevor die Sonne aufgeht! Heirate die Männer, mit denen du ausgehst! Zieh eine Kittelschürze an! Tritt dem Hasenzuchtverein bei! Sitz nicht schreibend an deinem nackten Gartentisch, sondern arbeite was Ordentliches! Lass die fremde schwarze Katze nicht ins Haus! Schrubb die Treppe! Geh zur Beichte! Und schaff dir endlich einen Farbfernseher an!*

Geschenke sprechen eine deutliche Sprache. Das Silberkettchen von Tom legt sich vielleicht wie eine Python um deinen zarten Hals und die teure Küchenmaschine mit integriertem Fleischwolf brüllt dir beim Gemüseschnetzeln zu, dass Tante Lisbeth dich für eine miserable Hausfrau hält, weil du Hackfleisch schon immer gehasst hast. Wenn dir jemand Deo schenkt, handelt es sich mutmaßlich um eine Beleidigung. Und wer *wirklich* mit der Bohrmaschine aus dem Baumarkt spielen wollte, dürfte klar sein, oder? Schwamm drüber. Ich bin sie später an meine dübelnde Tochter losgeworden.

Sie war es übrigens, die meinen Geschenkstreik *fundamentalistisch* nannte. Ich nahm es mir zu Herzen und Geschenke wieder an.

Ein knappes Jahr darauf suchte ich eine Tauschbörse auf und tauschte einen Koffer voller unbrauchbarer Angebinde gegen eine Druckerpatrone. Nicht schlecht, wenn man gerade *ALG II* bezieht; aber eigentlich nicht Sinn der Sache.

Nein, ich bin nicht stur. Den töchterlichen Glücksbringer trage ich stets bei mir, Carepakete großherziger Menschen sind praktisch wie emotional mitunter die letzte Rettung und selbstgestrickte Wollsocken einsame Spitze. Überhaupt: Die besten Geschenke kamen aus unerwarteten Ecken. Die schlimmsten kamen von Männern. Das unselige Utensil aus dem Baumarkt, ein Kaktus, ein Schokoladenherz, das beim Auspacken bereits einen Sprung hatte, eine kratzige Wollmütze, ein Buch über Ökonomie mit der liebevollen Widmung *Für mehr Erfolg als bisher!*, ein anderes mit dem Titel *Weil du arm bist, musst du früher sterben* und, nach einer berauschend erotischen Adventszeit, ... muss ich es sagen?! ... ein Paar Hanteln aus dem Baumarkt. Ich war in Therapie deswegen. Ich will nichts Bleibendes mehr. Und keine Schoko-Skulpturen. (Seit mir bei der Armentafel Schokonikoläuse zu Ostern angeboten wurden und Zuckerguss-Osterhasen zu Weihnachten, bin ich da besonders empfindlich.) Trotzdem: Mit einer fernen Freundin tausche ich regelmäßig

Geburtstagspäckchen aus. Ich schicke öfter zurück als sie; vermutlich ist sie nur höflicher. Spannend, immer wieder; uns würde was fehlen, wenn wir es ließen. Und, ja, es hat mir Spaß gemacht, meine BAföG-Studententochter mit etatüberschreitenden Luxusartikeln wie einer wirklich wetterfesten Windjacke zu überraschen oder mit einer Harems-Seifenmassage im türkischen Hamam. Für WG-Mitglieder zaubere ich Himbeertiramisu und meinem Herzensmann backe ich Marmorkuchen (bei dem das »vegan« nicht herauszuschmecken ist). Absichtslos hingemurmelte Wünsche überhöre ich selten. Ich freue mich, wenn ich irgendjemanden zu irgendetwas einladen kann. Aber ich habe auch schon, in höchst kunstvoller Verpackung, gar nichts verschenkt; mal, weil ich keine Idee, und mal, weil ich kein Geld hatte.

Warum so viele den Weihnachtsgabengraus mitmachen, obwohl fast alle darüber stöhnen? »Musst nur schaun was die Leit' sich miteinander schenken«, sagt meine Freundin Frau Liba dazu, »dann weisch genau, was ihnen fehlt: Ängel und Kerzen, warum, weil haben sie keinen Bezug zu ihre Schutzängel, und weil fehlt ihnen die Erleuchterung!

Und Sießwaren, weil sind sie sauer! Und Düfte, weil stinkt ihnen ihr Job! Und Ässen und Trinken, joi, viel zu viel, weil dürstet ihre Sääle!

Und kaufen die Weiberleut' heilige Familie, weil sehnen sie sich nach heiler Familie, und stellen sie Krippe mit Ochs und Esel unter den Baum, weil haben sie alter Esel zuhaus' was sauft und bleede Kinder, die was Drogen nehmen!«

Zugegeben, manchmal habe ich es übertrieben. Nach einem fröhlichen Kindergeburtstag habe ich Barbie und Ken auf dem Flohmarkt verkauft; mit ausdrücklicher Erlaubnis meines Töchterchens (und für einen recht guten Preis). Dumm war nur, dass die Schenkerin mich eine Woche später darauf angesprochen hat. Ich habe meine beschämend unglaubwürdige Notlüge nie zugegeben und ihr nie die Wahrheit gesagt: Es wohnten schon fünf Barbiepaare bei uns und ihre Besitzerin war aus allen Schuhen rausgewachsen.

Immerhin, einmal ist es vorgekommen, dass ich ein ungewünschtes Geschenk später doch noch schätzen lernte. Als eine Mitbewohnerin nach dem Studium summa cum laude auszog, stiftete sie ihren alten Schwarzweißfernseher meiner damals siebenjährigen Tochter, voller Mitleid mit deren tristem TV-freiem Kinderleben. *Na schön,* dachte ich, *die drei Programme, die der Kasten draufhat, werden schon keinen Schaden anrichten!* Tags darauf brachte die Kleine mir den Schraubenzieher zurück: *Mama, ich hab' alle Programme eingestellt!* Was soll man machen. Hin und wieder, zumal ich mangels Kleingeld und Betreuungspersonal kaum ausgehen konnte, guckte ich auch. *Traumhochzeit* zum Beispiel. Wie war ich dann wieder so zufrieden mit meiner gemütlichen Sperrmüll-Patchwork-WG-Küche! Denn nach der Sendung musste das Siegerpaar ja immer irgendwas mit nach Hause nehmen; die Schlafzimmer waren noch unerotischer als die Küchen. Gespannt saßen wir wieder einmal vor der kleinen Kiste. Was würden Stenko und Alenka bekommen, das Hauptgewinnerbrautpaar des Abends?! Der Superpreis, verborgen hinter fünf Meter hohen Stoffbahnen, nahm die halbe Bühne ein. Die Spannung stieg. Untermalt von pompösen Fanfarenklängen hob sich langsam der flammend rote Riesenvorhang und die nette Moderatorin mit dem holländischen Akzent verkündete enthusiasmiert und laut und deutlich:

Und hier, liebe Alenka, lieber Stenko, hier ist ... euer Hochzeitsgestänk!

Manchmal können sogar Geschenke, die man nicht bekommt, mit chronisch-rezidivierender Armut versöhnen.

MILDE GABE MIT MORALSENF

Anmerkung für einen Retter in der Not

Manchmal gibt es ja Hilfe; mehr oder weniger, mehr oder weniger bürokratisch, an mehr oder weniger Bedingungen geknüpft. Ich meine nicht die Unterstützung für Banken und Banker, denen die Zuwendungen gern unbürokratisch, üppig und bedingungslos gewährt werden; ich denke hier an den kleinen Zuschuss für die wahrhaft Bedürftigen in diesem Land; spreche von Kurzzeit-Rettung durch milde Gaben, wie sie mir dankenswerter Weise zuteil wurde.

Hilfe anzunehmen sei nichts Ehrenrühriges; wer sie annehme, beweise Mut, so tönte einst der Regierungssprecher; es ging um marode Banken und reiche Banker. Doch wer arm ist und um Unterstützung bittet, wird nicht als mutig bewundert; wird, im Gegenteil, gegängelt, belehrt und bevormundet wie ein unmündiges Kind; denn wer armen Menschen Hilfe gewährt, gibt meist auch noch seinen Senf dazu; mal wohlmeinend, mal weniger.

In diesem Fall, zwei Jahre nach Einführung von Hartz IV, ging es nicht um eine neue Brille, um Zahn- oder PC-Ersatz oder Krankenhaus-Zuzahlungen, die jeden Regelsatz sprengen. Ich brauchte einen Wohnzuschuss, denn zwischen dem Auszug des einen und dem Einzug des nächsten WG-Mitglieds lauerte eine finanzielle Lücke. Zwar hätte das Jobcenter (da nicht mehr als zwei Monate zu überbrücken waren) den vollen Betrag übernehmen müssen, doch ich fürchtete das übliche Prozedere: Antrag, Ablehnung, Widerspruch und Gerichtsstreitigkeit; fürchtete monatelange Bearbeitungszeiten; befürchtete, die nächste und übernächste Miete nicht voll zahlen zu können, selbst wenn mein Antrag irgendwann bewilligt werden sollte. Und so suchte und fand ich eine Stiftung und reichte ein Gesuch auf Stiftungsmittel ein.

Die Zuwendung wurde gewährt; da *zweckgebunden*, blieb sie auch *anrechnungsfrei*. Der segensreiche Scheck verhalf mir zu zwei Monaten stressfreiem Alleinwohnen. Doch neben der milden Gabe erhielt ich vom Stiftungsvorstand unter dem Stichwort *Anmerkung* einen Klacks Moralsenf auf meinen ansonsten eher leeren Teller.

Anmerkung: Aufgefallen ist, dass Ihre Brutto-Miete, gemessen an Ihrem derzeitigen Einkommen, deutlich zu hoch ist und wohl auch dadurch der finanzielle Engpass entstanden ist. Wir empfehlen daher dringend, sich schnellstmöglich um eine günstigere Wohnung zu bemühen ...

Nun sah auch ich mich zu einer Anmerkung aufgerufen.

»Sehr geehrter Herr Dr. Retter,

Ihre Unterstützung war hilfreich; und Ihr Ratschlag gewiss wohlgemeint. Deshalb wäre es undankbar, ihn ohne Echo zu lassen. Doch die Antwort kann nicht kurz ausfallen, denn es geht dabei um 30 Lebensjahre, um günstigeren Wohnraum, WGs, Umzüge, Einkommen und um die Frage, was Frauen leisten und was ihnen zuzumuten ist.

Als Schauspielschülerin wohnte ich zunächst bei Nonnen; was anderes war für 18-jährige Mädchen in Mailand kaum zu finden. Dann, wegen der beruflich ungünstigen Ausgangssperre (ab 22 Uhr), zog ich zu einer Witwe, die mir sofort nach Einzug den Pass abnahm, um zu verhindern, dass ich mit einem Gigolo ins Heiratsparadies Gretna Green entfleuche. Zwei Tage später verfrachtete ich meine Koffer in ein billiges Hotel neben dem Theater (dessen Leitung mit viel Mühe meinen Pass zurückeroberte). Die Damen, die zu jeder Tageszeit vor dem Hotel herumstanden, grüßte ich ahnungslos und unbefangen; sie grüßten auch stets freundlich zurück. Nach meinem italienischen Debüt, während eines Gastspiels im damals noch geteilten Berlin, kam ich erst bei einer Tante unter, dann bei einer alten Adeligen und danach bei einem Frauenpaar. Im ersten Festengagement (800 Mark Bruttogehalt) schlief ich in einem Dachzimmerchen (150 Mark, mit Kochplatte). Nächste Stadt, nächstes Quartier, Zimmer mit eigenem Eingang bei einem älteren Paar; sonntags durfte ich mitessen; doch als ein kleines Appartement (mit Dusche und Kochnische) neben dem Theater frei wurde, griff ich zu. Schauspieler sind Reisende. Dreharbeiten am anderen Ende der Welt: Kleinwohnung mit Blick auf eine sonnige Bucht. Dann die erste eigene Wohnung: München. Altbau. 100 qm. 350 Mark Miete, inklusive Nebenkosten. Zu teuer, fand ich, und teilte die Kosten mit einer Mitbewohnerin. Schauspieler sind Vielreisende. Tage-, wochen- und monateweise lebte ich zur Zwischenmiete in verschiedenen Städten und Ländern, bei FreundInnen, Bekannten und Verwandten, in von KünstlerInnen besetzten Abbruchhäusern, kleinen Hotels mit Etagenklo, WG-Buden, Luxussuiten und Abstellkammern, je nach Auftrag und Honorar.

1981. Nach zehn Jahren im Schauspielberuf wurde ich Mutter. Mit einem winzigen warmen Bündel Mensch im Arm, das zarte Vogellaute von sich gab, wandelte ich durch blühende Isarauen, schön war das; und durch die überfüllten, nach kaltem Rauch stinkenden Flure des Sozialamtes München Mitte I. Das war nicht so schön. Aber ich konnte bei meinem Kind sein. Krippen waren Anfang der 80er-Jahre eine Randerscheinung (und hätten auch nur bei 8–17-Uhr-Arbeitstagen genützt). Immerhin: Die private »Zwergengruppe ab zwei Jahren« – drei Mal drei Stunden wöchentlich – ermöglichte mir Anwaltsgespräche und Zahnbehandlungen ohne Kind auf dem Schoß, Kontaktaufnahme mit potenziellen Arbeitgebern ohne Brei auf dem Rock, gefahrloses Fensterputzen und gelegentliches ungestörtes Nachdenken.

In der Gruppe war Elternmitarbeit gefragt, de facto: Müttermitarbeit; und so habe ich einmal wöchentlich Gemüsepflanzerl mit Clownsgesichtern und andere Kindermenüs kreiert, zwei Mal im Monat Pflicht-Elternabenden beigewohnt (mit Kind auf dem Schoß, wofür ich mich ausführlich rechtfertigen musste), einmal pro Monat fünf Zwerge im Handwagen durch die Isarauen gezogen, und, langwierige Sonderaktion, mit vier Mitmüttern rosa Elefanten auf graue Hausmauern gepinselt. Wir wollten, dass es den Kleinen gut geht. Gewiss, mitunter empfand ich Sehnsucht auch nach tieferen Stimmfrequenzen als denen von Frauen und Kindern. Doch wir lebten, meist friedlich und schön, in guter Gesellschaft: Im Lauf dieser Jahre kamen wir auf drei Katzen und elf Mitbewohnerinnen. WG ist keine schlechte Lebensform in einer Gesellschaft, in der die Einsamkeit oft die einzige Gemeinsamkeit ist. Mein Kind hatte viele WG-Tanten- und Cousinen, und wir hatten viel Spaß. Weniger Spaß hatte ich mit einer Bank, die mir die Frage nach Sicherheiten stellte. Ich blieb bei der Wahrheit. »Ein Kind und ein Klavier«. Dispo gestrichen. Ich trug viel, schlief wenig und bekam Panikattacken beim Anblick von Kontoauszügen. Als Mutter, Elternsprecherin und Elternbeiratsmitglied wohnte ich herzigen Laternenumzügen, zimtduftenden Nikolausfeiern, rührenden Ballettvorführungen, ohrenquälenden Schülerkonzerten, öden Lehrerkabaretts und fröhlichen Hortfaschingsfesten bei und saß dabei auf kleinen Stühlen, harten Bänken, zerschlissenen Kissen, kochenden Heizungen und kalten Treppenstufen, einmal mit Blasenentzündung. Als ich vom »Backen und Basteln für Ostern« (respektive Muttertag) erst in letzter Minute erfuhr, habe ich im Morgengrauen hurtig mal zehn

Eier ausgeblasen, mal das Papier von acht Klorollenhülsen abgewuselt. Ich habe Kindergeburtstage organisiert und animiert, mich im Hort für Vollwertkost stark gemacht und daheim für pädagogisch wertvolles Spielzeug (es aber nicht geschafft, die Barbie-und-Ken-Invasion zu verhindern.) Nur dem Elternsackhüpfen habe ich mich hartnäckig verweigert. Auch mit Haustieren kenne ich mich aus. Katzen haben Krallen und beharren darauf, kein Spielzeug zu sein, sind also pädagogisch wertvoll. Meerschwein-, Hamster-, Haus- und Springmaushaltung sollte verboten werden, alles Tierquälerei. Nach dem Tod einer einsamen Kaulquappe beim Wasserwechsel und dem Massensterben unzähliger stecknadelspitzengroßer Urzeitkrebse beim Umtopfen in ein größeres Aquarium habe ich Kindertränen getrocknet. Einmal habe ich einen karriereträchtigen Termin verpasst, weil ich den Notkäfig für einen fremden Sittich montieren musste, dem nichts Besseres eingefallen war, als sich erschöpft auf unsere Fensterbank zu hocken.

Als meine Kleine drei war, wagte ich mich wieder auf die Bühne.

Bei der Premiere lag das drei Stunden zuvor plötzlich erkrankte Kind fiebernd auf einem Kostümhaufen in der Garderobe. Zwischen zwei Auftritten habe ich die kleine Stirn gekühlt, in der Pause Wadenwickel angelegt, und, nach einem weiteren ähnlich desaströsen Versuch, das Theaterspielen aufgegeben – und die Fernseharbeit gleich mit.

Ja, ich weiß, werter Herr Dr. Retter, ich hätte Lehrerin werden sollen. Zu spät. Ich wurde Yogalehrerin und absolvierte eine Fortbildung zur Kosmetikerin. Nein, Frauen sind nicht zertifikatsammelsüchtig. Sie tun nur alles, was möglich ist. (Ohne Babysitterin wäre nichts möglich gewesen.) Parallel dazu wurde ich in Synchronstudios vorstellig, um Filmstars fremder Zungen meine deutsche Stimme zu leihen. Schließlich erschien die Tätigkeit als Synchronschauspielerin zeitlich, finanziell, organisatorisch, zukunfts- und allgemeinprognostisch besser, und so, statt weiterhin tierversuchsfreie Kräuterpeelings anzurühren, habe ich mich hochgearbeitet vom Schrei in der Menge *(Hurra, der König kommt!)*, über textarme Kleinrollen *(Oh, Johnny!)* bis hin zu schicksalsgebeutelten Serien-Blondinen, kreischenden Aliens, Zeichentrick-Bärenmüttern und sprechenden Pflanzen.

Als mein Kind Keuchhusten und Windpocken bekam, sagte ich alle Termine ab, wachte am Bettchen, steckte mich an und stand, sobald die Kleine genesen war, wieder vorm Mikro, mit gut unterdrücktem Husten und sorgfältig überschminkten Pusteln. (Tut mir leid, liebe KollegInnen. Hat sich jemand angesteckt? Ging nicht anders; längere Verdienstausfälle konnte ich mir nicht leisten.)

Was mir Kraft gab? Es war die kleine warme Hand in meiner, beim Abendspaziergang durch einsame Straßen, bei dem der Himmel ganz blau war und eine große runde Mondin stets vor uns herging.

Öfter mal habe ich ungedeckte Schecks erhalten, Unterhaltszahlungen öfter mal nicht, und doch stets alle Rechnungen beglichen, außer einer, die mir erlassen wurde. Einmal konnte ich ausschlafen: große OP, zwei Wochen Klinik. Als ich den Arzt um ein Attest für eine Haushaltshilfe bat, lächelte er nachsichtig: »Na, das werden Sie doch wohl noch alleine schaffen, oder?!« Kaum entlassen, schleppte ich wieder Katzenstreu, Wäschekörbe, Einkaufstaschen. Ich habe Konten überzogen, Überziehungskredite in Kredite und Kredite in Kontokorrente verwandelt, ein Loch mit dem anderen gestopft, Bausparverträge und Lebensversicherungen abgeschlossen und wieder aufgelöst, und manchmal habe ich mein geliebtes Kind angeschrien.

In den aussichtslosesten Momenten bekam ich Geld geschenkt und bin, in einer höchst prekären Situation, einer

Bankfrau begegnet, die Mutter war und Mensch. Ich habe Tschernobyl in Bayern erlebt und musste erkennen, dass wir unsere Kinder vor den ärgsten Gefahren nicht schützen können, uns bestenfalls für den Austausch verseuchten Sandkastensandes einsetzen dürfen.

1991. Anfang der 90er-Jahre wurden wir entmietet. Was – nach einem Vermieterwechsel – zunächst als privates Ungemach erschien, entpuppte sich später als Beginn der erbarmungslosen Gentrifizierung des einst so gemütlichen Viertels. Ein Jahr lang suchte ich vergeblich eine Bleibe unterm weißblauen Himmel (wo just zu jener Zeit enthusiastisch die Kirchenglocken für das ungeborene Leben geläutet wurden). Eine Politikerin, die ich um Hilfe bat, legte mir ans Herz, bei der Wohnungssuche mein Kind zu verschweigen. Fündig wurde ich – kurz vor der Räumung – nur dank Tante Annas Finanzspritze und Mannesunterschrift. Kaution und Provision beliefen sich auf 10 000 Mark. Das neue Domizil war etwa so groß wie das alte und dreimal so teuer. Wieder WG. Trotz geteilter Miete war mein Anteil innerhalb von 20 Jahren von niedlichen 200 Mark warm auf haarsträubende 1.200 Mark kalt gestiegen. Der Umzug war anstrengend; der Garten schön, der Hauswirt großzügig, und mein Kind schloss neue Freundschaften. Inzwischen war ich 40; da werden die Frauenrollen schon rar. Nach der Wende und damit verbundenem Brancheneinbruch erweiterte ich erneut mein Tätigkeitsfeld. Ich schrieb Synchronbücher; denn bevor im Studio SprecherInnen den Text einsprechen, brauchen sie einen deutschen (und lippensynchronen) Text. Ich kaufte Fernseher, VHS-Rekorder, Fax, Kopierer, PC und Drucker, schleppte alles in den Keller, lernte den Gerätepark zu montieren und zu bedienen und übte mich darin, piepsenden Fehleranzeigen ohne hysterische Anfälle zu begegnen; ein beachtlicher Lernprozess. Das heizungslose Verlies blieb mangels Zeit und Geld unrenoviert. Zwischen Altpapier, Schuhregalen und Konservendosen, nur einseitig vom strom- und geldfressenden E-Öfchen gebraten, habe ich, Monitor und PC vor mir, Spielfilme übersetzt, Zeichentrickmärchen und Häschenlieder nachgedichtet, habe auf amerikanische, englische, italienische und französische Münder deutsche Texte lippenpassgenau gebastelt und gleichzeitig eine Etage höher Mittagsmenüs gebrutzelt (Pellkartoffeln allerdings regelmäßig anbrennen lassen). Wegen sprunghaft steigender Kosten und rasant sinkender Honorare ging ich nun auch an Sonn- und Feiertagen erst nach Mitternacht zu Bett, mit Kühlkissen auf den vom Tippen geschwollenen Händen. Ich habe gekocht, geputzt, eingekauft, mit meiner Tochter Feste gefeiert, geredet, gestritten und gelacht, habe die Katze zum Tierarzt gebracht und eine Mitbewohnerin ins Krankenhaus, habe kaputte Stühle repariert und beim Bügeln Vokabeln abgefragt. »Sub corona venire? – In die Sklaverei verkauft werden. / Per aspera ad astra? – Auf rauer Bahn zu den Sternen! / Sitis libertatis? – Das Verlangen nach Freiheit. / Nondum omnium dierum sol occidit? – Es ist noch nicht aller Tage Abend.«

Während der Dokumentarfilmwelle habe ich die Unterschiede zwischen Dorn-, Horn- und Stachelhaien recherchiert und den Text zu einem arabischen Film (an dessen Dialekt drei Übersetzerinnen gescheitert waren) komplett neu erfunden.

Ich übte morgens um halb sechs *Pranayama,* rührte nachts um eins im Apfelgelee (weil ich den Apfelbaum vor meinem Fenster nicht enttäuschen wollte, der uns so treulich zentnerweise Äpfel vor die Füße warf), hielt die Steuerunterlagen adrett komplett, bildete mich fort und immerfort weiter, lud die Nachbarschaft zum Kaffee ein. Wenn meine Mutter zu Besuch kam, stürzte sie sich mit Schaufel und Hacke in den Garten. Das war Hilfe. Manchmal stand ein Topf Suppe vor unserer Tür, von einer Nachbarin; da musste ich weinen. Als ich nach drei Jahren mal wieder im Biergarten saß und, eine kühle Radlermass vor mir, auszurechnen begann, wie viel Geld mir aufgrund dieses Arbeitsausfalls am Monatsende fehlen würde, wurde mir bange. So konnte es nicht weitergehen. Es ging weiter.

Nach der Doku- kam die Softpornowelle. Gab kaum andere Aufträge. Ich hatte ein Kind zu versorgen. Was hätten Sie getan, Herr Dr. Retter?

Lippensynchrones Texten verlangt Hinsehen, mehrfach, genau. Um das Trauma zu überleben, schrieb ich subversiv um, und die zuständige Redaktion (offenbar ebenfalls traumatisiert) ließ mich gewähren. (Falls dem geneigten Leser beim Schweinkinoabend Heilstein-Belehrungen oder unerwartete Anti-Porno-Polemik unterkommen: die deutsche Fassung muss von mir sein.) Dann der Hörsturz. Tochter war zum Glück in den USA. Ich hörte die Glühbirnen in der Lampe schreien und wusste nicht mehr, wo oben und unten war. Damals riet mir ein Nothelfer, doch eine »günstigere Wohnung« anzumieten; in einer Einraumwohnung hätte ich samt Schulkind und Büro doch gut Platz. Ob man auch Männern solche Vorschläge macht? Nach fünf Monaten ohne Einkommen und Krankengeld krempelte ich wieder die Ärmel hoch, denn die Fixkosten liefen weiter und ich war blank.

Karoshi – Tod durch Überarbeitung, in Japan nicht selten. Ich las davon und stellte fest, dass ich schon lange weit mehr als die für einen *Karoshi* nötigen Arbeitsstunden absolvierte. So durfte es nicht weitergehen. Aber es ging noch weiter.

2001. Tochter-Abi und Auszug. Zwecks Arbeitszeit- und Kostenreduzierung zog ich aufs Land; Schreiben kann man überall.

Die Idylle währte nur kurz: Wasserschaden, Nine Eleven, Kirch-Medien-Pleite, Branche am Boden, auftragslos saß ich im gefluteten Fachwerk. Viele waren auftragslos; eine Kollegin verlegte sich auf Telefonsex; Porno geht immer. Danke, ohne mich. Meine Tochter war aus dem Haus, bekam Stipendium und BAföG. Eine günstige Wohnung lockte mich zurück in die Teuerstadt, aus der ich geflüchtet war. Für den Makler legte ich mein letztes Geld auf den Tisch. Aber vielleicht bekam ich den Mietvertrag nur, weil die Hauswirtin zum fahrenden Volk gehörte, und eine vogelfreie Seelenverwandte in mir sah? Schlafzimmer, Büro, Wohnküche, Bad, und ein 40-qm-Raum; ideal für Yogaunterricht. Ich beantragte Zuschuss für die Gründung einer Ich-AG. Antrag abgelehnt. Na schön, dann wieder WG. Wer einzog, wohnte gut und gern bei mir, wenn auch meist nur für ein Jahr. WGs sind immer in Bewegung.

Kein Anspruch auf Arbeitslosengeld, als Freischaffende, und kein Anspruch auf Krankengeld. Und ich wurde krank, diesmal noch fieser und länger. Und vom Antrag auf Erwerbsminderungsrente bis zur ersten Zahlung sollten Jahre vergehen. Und in den Mauern des Unsozialamtes, das nun *Jobcenter* heißt, tobt ärgerer kontraproduktiver Wahnsinn als ehedem. Und so stehe ich mit *ALG II* und der noblen Reisetasche aus besseren Zeiten bei der Armentafel, denn die Mietbeiträge der wechselnden WG-Mitglieder verbessern nicht meinen Lebensmitteletat, sie reduzieren lediglich staatsfreundlich die *Kosten der Unterkunft*.

Doch nicht immer findet sich leicht jemand zum Zusammenwohnen.

Bei einer lichten Zimmerhöhe von 2,20 m erscheint der Zwei-Meter-Mann doch etwas zu groß; der Ingenieur mit Projektauftrag möchte für drei Monate gleich seinen ganzen Hausstand mitbringen, der Azubi seine Freundin, die Verkäuferin ihren Hund, die Studentin ihren nicht kastrierten Kater, und der frisch geschiedene Steuerberater meint, er könne sich gut vorstellen, sein Büro in meine Wohnung zu verlegen, er bräuchte allerdings zwei Zimmer; ob mir eines nicht ausreiche?!

Das Schwerste war, die Mutter mit Säugling abzuweisen; leichter fiel mir das bei dem jungen Mann mit dem Totenschädel-Tattoo, der mit »Terrarium und ein paar kleinen Drachen« einziehen wollte. Nein, danke. Ich möchte auch mitreden dürfen. Ich will ein Büro, Arbeit unterm Bett macht mich krank. Ich möchte nicht, dass jemand mit Straßenschuhen durch meinen Flur latscht. Meine Küche ist zu klein für Zweitkühlschränke, Brotbackautomaten und Mikrowellenherde. Und angesichts offenstehender Klodeckel und hochgeklappter Klobrillen werde ich wild. Billigt man mir so viel Lebensgestaltung noch zu? Oder ist Armen, Frauen und vor allem armen Frauen alles zuzumuten?

Sicher ist: Wer armen Menschen Hilfe gewährt, gibt meist auch noch seinen Moralsenf dazu; mal wohlmeinend, mal weniger. Denn wer arm ist, muss etwas falsch gemacht haben, bedarf also der Belehrung.

Und so, werter Herr Dr. Retter, bekam ich neben Ihrer milden Gabe (die zwei Monate ohne MitbewohnerIn überbrücken half) diesen Klacks Moralsenf von Ihnen auf meinen ansonsten eher leeren Teller: »Anmerkung: Aufgefallen ist, dass Ihre Brutto-Miete ... deutlich zu hoch ist ...«

Darf zornig werden, wem Hilfe zuteil wird? Meine Dankbarkeit gilt der Hilfe. Mein Zorn gilt der Entmündigung. Doch wer sich nicht entmündigen lässt, gilt leicht als undankbar.

Nein, edler Spender, nicht *meine* Miete ist zu hoch, sondern *die Mieten* sind zu hoch; obszön hoch. Der »finanzielle Engpass« ist nicht durch tolldreistes Anmieten einer

Luxussuite entstanden, sondern weil Armut von Gierigen gemacht wird und so verdammt weiblich ist; weil Frausein ein Armutsrisiko ist, weil Mutterschaft das Risiko erhöht und Single-Mutter-Dasein das Risiko auf 40% treibt. Mit einem Satz, mein wohlmeinender Gönner, meine Scheißarmut ist zurückzuführen auf ein mutiges Leben in einer skrupellosen Gesellschaft.

Wir empfehlen daher dringend, sich schnellstmöglich um eine günstigere Wohnung zu bemühen ...

Ach, Herr Stiftungsvorsitzender! Wo fände ich etwas Günstigeres? Und wer würde an mich vermieten? Und: Ich habe keine Lust auf ein einsames Sardinenbüchsenleben; ich bin – ohne Zwischenmieten – 18 Mal umgezogen und habe bei zwei Dutzend Ein- und Auszügen assistiert, in einem halben Jahrhundert also bei mehr als 40 Umzügen Hand angelegt. Beim Gedanken an Umzugskartons könnte ich speien. (Wie viele haben Sie in Ihrem Leben schon geschleppt?) Ich besitze nicht einmal ein altes Töff, mit dem man Kleinkram transportieren könnte; ich kann nicht Auto fahren und tragetauglich bin ich auch nicht. Wer sollte die Helfer bezahlen? Den Umzugswagen? Die Kaution? Und vor allem, werter Herr Dr. Retter: Umziehen ohne behördliche Erlaubnis ist mir verboten; und bis eine Genehmigung eventuell endlich erteilt würde, wären die zehn »günstigeren Wohnungen«, die Sie mir sicher nennen können, längst vermietet.

... zumal die von Ihnen angestrebte Lösung einer Untervermietung, wie man sieht, auf Dauer nicht tragfähig ist.

Ich könnte schreien. Aber schreien nützt nichts.

Gestern ist ein netter junger Mann bei mir eingezogen. Mitbewohner Nr. 25. Demnächst kommt sein Freund zu Besuch. Und meine Tochter; die schläft auf der Kuschelecke in meinem Schlafzimmer. Dann wird es eng, mit all dem

Reisegepäck. Und ich koche für alle, die da sind; mit Zutaten von der Armentafel. Und wir reden. Und lachen. Und haben es gut.

Ein Held, so heißt's im Duden, ist »jemand, der sich mit Unerschrockenheit und Mut einer schweren Aufgabe stellt, eine ungewöhnliche Tat vollbringt, die ihm Bewunderung einträgt«.

Die Helden haben jedoch meist, wenn sie heimkamen, ein warmes Essen vorgefunden, und saubere Wäsche.

Sie nicht? Ich nie.

Nur Moralsenf.

Mit freundlichen Grüßen

Ihre erleichterte und erzürnte Almosenempfängerin

Ach
hört auf
hört doch auf
mit den
Weihnachtsschnulzen
Stille Nacht heilige Nacht
solange sich auf den Behörden
schikanieren lassen müssen
Alte
deren Rente
nicht ausreicht
um Heizöl zu kaufen obwohl sie
gearbeitet haben ein langes Leben lang
Schluss
mit dem Gesinge
in dulci jubilo
mit all dem Festtagsfressen
zu Ehren des Kindleins
Gänseleberpastete und Kaviar
aba heidschi bumbeidschi bumbum
zu Ehren des Erlösers dessen kurzes Leben
damals am Kreuz zu Ende ging wie alljährlich
im Schlachthof das kurze elende Leben von Millionen Mastgänsen
Lasst ab
von all dem
Päckchenwahnsinn
dem verlogenen
Ihr Kinderlein kommet
solange dort am Restetisch namens Armentafel
stehen Mütter ohne Unterhalt und ohne Kindergeld
mit drei Kindern und mehr Verantwortung
auf ihren schmalen Schultern
als die Christenheit Pakete nach Hause schleppen
könnte in diesen entweihten Scheinheiligkeitsnächten
und Künstler aller Sparten die nicht wagen von ihrer Armut
zu sprechen aus Angst vor Imageverlust
Hört
endlich auf
Klingelingeling
mit dem Glockengebimmel
solange nicht alle Alarmglocken schrillen
wenn ein Politiker Fußfesseln für Langzeitarbeitslose gutheißt
solange ein anderer rät dass die Armen
die für Niedriglöhne schuften
ihre Organe spenden sollen zum Erwerb des
Lebensunterhalts für ihre Familien
Hört auf
Hört auf
Hört auf
mit dem Gesülze
Am Weihnachtsbaume
die Lichter brennen hört auf damit
solange selbst in der Heiligen Nacht
am Fest der Liebe und des Lichtes
und der christlichen Barmherzigkeit
übersehen werden und vergessen
und verdrängt und missachtet
jene die in Finsternis leben

»Hier kommen wir nie mehr raus, Asterix! Hier kann uns nicht mal der Zaubertrank helfen! Hier verlieren wir unser letztes bisschen Verstand und werden Cäsars Sklaven.«

aus dem Film *Asterix erobert Rom*[55]

9. KAPITEL
HARTZIGER ALLTAG UND ARGER WAHNSINN

KRÖTENSCHLUCKEN ODER DIE HERRSCHAFT DER ARGEN

Das Vorwort: Jenseits der Norm

Nicht mal eine Normseite ist noch drin. Wohl habe ich versucht, sie einzurichten, getreu professioneller Internetanleitung, mehrfach und mit unterschiedlichen, aber gleichermaßen nicht normgerechten Ergebnissen. Den netten Studenten, der mir früher immer bei so was geholfen hat, kann ich nicht mehr bezahlen.

Und der Drucker, den ich nach dem Exitus meines teuren Profi-Laserdruckers geschenkt bekam, ein altersschwacher Individualist, nummeriert die Tintenstrahlseiten eigensinnig nur dann, wenn er will – und mit beliebigen Seitenzahlen.

Sogar Schreiben wird schwierig, wenn man arm ist.

Wer arm ist, wird auch der Sprache beraubt.

Die Geschichte

Mitte Oktober 2005 folge ich einer strafbewehrten Einladung meines Fallmanagers. Nach einem flüchtigen Blick auf meine Vita bemerkt er beiläufig: »Jaja, Sie sind kein Einzelfall, ich hab' noch so ein paar Selbständige und Künstler hier!« und fragt, eher rhetorisch:

»Und? Wie kommt's, dass Sie schon so lange bei uns sind?«

Ja, wie kommt's?

Die Armut von gestern ist die Armut von heute.

Kurz, knapp und sträflich vereinfachend: Am Anfang – in den naiven 80ern – stand mein Über-Mut zum ungeplanten Kind.

Flugs mutierte ich von der vielversprechenden selbstständigen Jungkarrieristin zur Singlemutter und Sozialhilfeempfängerin.

Die unliebsame Erfahrung mit kontraproduktivem Behördenwahnsinn endete (dank Tante Annas Wiedereinstiegs-Sponsoring) nach drei Jahren. Noch immer von Hinrichtungen träumend, kehrte ich in die ehrenwerte Gesellschaft zurück.

Doch infolge sinkender Honorare, lückenhafter Alimente und der Entmietung durch einen Immobilienhai hatten sich Mitte der 90-er-Eiswind-Jahre unsere Wohnkosten verdreifacht und meine Arbeitszeit betrug wöchentlich 80 Galeerenstunden – das ständige bisschen Haushalt, Organisation, Akquise, Fortbildung und Kindumsorgen nicht mitgerechnet. Der Versuch einer Landflucht, gestartet nach dem Abi meiner Tochter zwecks Kosten- und Arbeitszeitreduzierung, schlug fehl: Ein Wasserschaden machte meine idyllische Fachwerkbleibe unbewohnbar, und nach Nine-Eleven und dem großen Firmensterben blieben die Aufträge (fast ganz) aus.

So kam es.

(Von dieser Kurzfassung habe ich dem *FM* aber nur eine Kurzfassung erzählt. Seine Frage war ja eher rhetorisch.)

1981 bis 1984, während der ersten Lebensjahre meiner Tochter, kam ich als Alleinerziehende erstmals in den fraglichen Genuss staatlicher Leistungen. Meinen Immer-auf-Achse-Beruf konnte ich mit Kleinkind nicht ausüben; Berufs- und Branchenwechsel brauchten Vorbereitungszeit; Krippenplätze gab es nicht.

Anfang 2004 – 23 Jahre später, in der Zeit des Übergangs von *Sozialhilfe* zu *ALG II* – fiel ich als vogelfreie Freiberuflerin nach einem Brancheneinbruch zum zweiten Mal ungebremst durch alle Maschen des sozialen Netzes. Mein unterschiedlich mickriges Resteinkommen, monatlich gesetzestreu von mir gemeldet, wurde vom Sozialamt (wie das damals noch hieß) in voller Höhe kassiert. Oder einbehalten. Oder abgezogen. Oder *verrechnet.* Wie auch immer. Jedenfalls ließ man mir nicht einmal das Fahrgeld. Und die Auszahlung des *Freibetrags für Erwerbstätige,* gedacht als *Arbeitsanreiz,* wurde von der Dienststelle als überflüssig erachtet: Freiwillig Pflichteifrige bedürfen keiner schnöden Belohnung.

Ich hätte *Widerspruch* einlegen können; unheilbar optimistisch hoffte ich jedoch auf baldige Spontanbesserung der Situation; außerdem fühlte ich mich, kaum erholt von zwei Hörstürzen, Auseinandersetzungen mit der Obrigkeit nicht gewachsen, und so hatte ich arbeitend weniger Geld, als ich nicht arbeitend gehabt hätte; nicht genug zum Leben und für Bewerbungen erst recht nicht genug (was die Auftragslage nicht verbesserte).

Doch abgesehen von diesen kleinen Unebenheiten ließ man mich unter dem freundlichen alten Label *Sozialhilfe* weitgehend ungestört das Armsein üben.

Anfang 2005 kam dann *Hartz IV* und die Behörden nannten sich wohlklingend *Arbeitsagentur* und *Arbeitsgemeinschaft Grundsicherung für Arbeitsuchende,* kurz *ARGE,* Plural *die ARGEn*. (Den Namen haben die sich wirklich selbst gegeben.)

Für diesen kostenträchtigen Fortschritt wurden frühere Sachleistungen ersatzlos gestrichen, schließlich müssen wir alle Opfer bringen, gell, ja, besonders wir. Und so träume ich 2005 neuerliche Hinrichtungsträume auf einer Gästematratze, die in der Mitte durch ist. Aber verhungern muss niemand in Deutschland, Futter gibt's bei der Armentafel, nein, verhungern muss niemand im Deutschland der *AR-GEn,* oh du soziales Vaterland und all ihr freiwilligen Tafel-helferInnen, kniefälligen Dank!

Die Stütze für erwerbsfähige Arbeitslose ohne Anspruch auf *ALG I* und für miesbezahlt arbeitende sogenannte *Auf-stockerInnen* hieß nun *Arbeitslosengeld II.* Was die Sache auch nicht besser machte. Denn eine Freischaffende mit geringem Einkommen im kollektiven Auftragstief, die schon in die genormten Sozialhilfe-Leistungs-Berechnungs-Formulare nicht hineingepasst hatte, passte auf die neuen *ARGE*-Berechnungs-Normseiten nun erst recht nicht. Nur eines lief weiterhin unproblematisch: Mein Kleineinkommen wurde nach wie vor flink in voller Höhe vom *Eckregelsatz* abgezogen, während ich weiter rätselte, wie man sich kostenfrei bewirbt und fleißig die Armentafel nutzte, um mit dem so eingesparten ÜberLebensmittel-Etat meine beruflichen Fahrtkosten zu bestreiten.

Endlich konsultiere ich eine Juristin. Sie legt sofort *Widerspruch* ein. Dem Widerspruch wird stattgegeben, *berufsnotwendige Kosten* werden rückwirkend auf meine Honorare angerechnet – fortan, bis die Anrechnung (nachträglich) vom Amt widerrufen wird. Erneuter Widerspruch. Der Anrechnungs-Widerruf wird widerrufen, dann wird der Widerruf des Widerrufs widerrufen und nach Wieder-Widerspruch werden alle Widerrufe widerrufen.

Zehn Monate Hartz IV: zehn Monatsabrechnungen, elf vielseitige und durchgehend fehlerhafte Bescheide, zehn Widersprüche.

Zusätzliche unkorrekt korrigierte Korrekturbescheide und widerrufene Widerrufswiderrufe machten das Verwirrchaos komplett. (Zweieinhalb Kilo Papier und 132 Mails und Faxe. Ich habe gewogen und gezählt.) Und dann, nach dem zehnten Widerspruch, erhalte ich die bereits eingangs erwähnte *Einladung* meines *Fallmanagers* (kurz *FM*, eine neugesetzliche steuer-teuer-Stellen-Kreation zur *individuellen Betreuung Arbeitsuchender*).

Eine *ARGE*-Einladung ist keine Einladung zum Tee, man kann sie also nicht dankend ablehnen. Man kann sie überhaupt nicht ablehnen, denn sie ist ein Pflichttermin, also keine *Ein-*, sondern eine *Vorladung*. (Was aber zugegebenermaßen amtsschimmelig-finsterfordernd klingt, während *Einladung* informell-individuell-freundschaftlich-fördernd rüberkommt, also viel positiver.)

Der *FM* wirft einen flüchtigen Blick auf meine Vita (»Na, diese Auszeichnung da ist ja auch schon ewig her!«), fragt, wie es denn so gekommen sei, will weitere Unterlagen weder sehen noch zu den Akten nehmen und legt mir – unbeschadet meiner Erwerbstätigkeit – ein mehrseitiges Schriftstück namens

Eingliederungsvereinbarung

zur sofortigen Unterschrift vor.

So schnell? Bevor ich Verträge abschließe, lese ich sie ganz gern; also, ich mein' ja nur, ganz generell ... Der *FM* entlässt mich mit einer Lesefrist und einer kleinen Nötigung, wortlautend:

»Sie werden das sowieso unterschreiben!«

Und was genau? Ich lese.

A) soll ich unterschreiben, dass ich mich verpflichte, sechs Monate lang geflissentlich *alles* zu tun, was die *ARGEn* anordnen; also befehlen. (*Alles* beinhaltet 1-€-Jobs, berufliche und sozialintegrative Maßnahmen, Fortbildungen, Umschulungen, Einzel- und Gruppenveranstaltungen, deren Inhalt, Sinn, Zweck und Umfang flächendeckend undefiniert bleiben.)

B) soll ich unterschreiben, dass ich im Falle der Nichtunterschrift mit einer 30 %igen Kürzung meiner Lebenshaltungskosten ergebenst einverstanden bin...

und C) anderen atemberaubenden Unsinn mehr.

»Verfassungsrechtlich bedenklich und juristisch fehlerhaft!« beurteilt meine Anwältin das Dokument und empfiehlt mir eine *Stellungnahme* anstelle einer Unterschrift. Ich denke weitreichend nach, nehme ausufernd Stellung, begründe tiefsinnig, formuliere rechtlich einwandfrei und versende fristgerecht per Einschreiben unter Beifügung der bis dato vom *FM* verschmähten Unterlagen. Postwendend (und vier Tage vor Ablauf der Frist) (die wohl doch eher ein Ultimatum war) flattert mir ein Bescheid ins Haus.

Der elfte *Verwaltungsakt* des Jahres bescheidet eine dreimonatige *Sanktion* mit 30 %iger *Kürzung des Eckregelsatzes* wegen Arbeitsscheu, mangelnder Bewerbungsaktivität, fehlender Unterlagen, unbegründet unbotmäßigen Handelns und Verweigerung meiner Unterschrift unter das Eingliederungs-Dingsda. (Wobei ja schon der ungekürzte Regelsatz bekanntermaßen das Existenzminimum nicht deckt; Armendiät ist halt was anderes als Diäten.)

Tags darauf: »Einladung zur Informationsveranstaltung Vermittlungsunterstützung« eines Bildungsträgers namens hm-hm-hm-Akademie im Auftrag der *ARGEn*. Veranstaltungsort: eine Fahrschule. Das Schulklo darf von Arbeitslosen nicht benutzt werden (weil die eh daneben pinkeln?); notdürftige Bedürftige werden auf die umliegenden Gaststätten verwiesen, übrigens ohne Erörterung versicherungsrechtlicher Fragen. (Das dort erhobene Toilettengeld ist selbstverständlich nicht im *Eckregelsatz* enthalten; doch 50 Cent sind nicht wenig für arme Frauen mit schwacher Blase.)

Inhaltlich läuft die Alo-Info-Gruppenstunde auf dem Niveau »Popeln Sie nicht in der Nase, wenn Sie sich wo vorstellen«. Besonders informativ: Die *ARGE*-Beauftragte tut öffentlich (wenngleich kaum im Auftrag ihres Auftraggebers) kund, dass sie schon öfter darüber nachgedacht habe, für den eigenen Alo-Fall »Geld unter der Matratze zu verstecken«. Nach Info-Ende wird hurtig die nächste Gruppensitzung anberaumt. So schnell?

Noch bevor sich mir Inhalt, Sinn und Zweck der Maßnahme erhellt haben? Ich bitte die Profi-Unterstützerin um einen Besprechungstermin. »Keine Zeit«. Ich bitte sie, sich meine Unterlagen anzusehen (»Keine Zeit«) oder zur späteren Einsichtnahme an sich zu nehmen. »Dafür habe ich hier keinen Platz«, sagt die Vielbeschäftigte, die mir die Tür zum Arbeitsmarkt öffnen soll, und öffnet mir die Tür zur Straße.

Zwei Tage später: ein neuer Bescheid, des Inhaltes, dass die Inhalte der *EV*, da nicht freiwillig von mir unterschrieben, nun *zwangsangeordnet* würden. (Wohlgemerkt: Dieser Bescheid erreichte mich vor Ablauf der gesetzten Frist.) Für den Fall »fortgesetzter Nichtbefolgung« werden weitere Kürzungen des bereits Gekürzten angedroht, je nach Grad des bürgerlichen Ungehorsams durchaus auch »bis unterhalb der Mietgrenze«.

»Das ist Hinrichtung« (befinde ich). »Klarer Fall von Amtsmissbrauch!« urteilt der Referent für Arbeitslosenrecht und empfiehlt eine Dienst- und Fachaufsichts-Beschwerde wegen »vorsätzlicher rechtsmissbräuchlicher Sanktionierung«. Vor allem aber: »Widerspruch einlegen! Sofort!«

Mir schwebt noch immer eine gütliche Regelung vor, durch vernünftige Zwiesprache zum Beispiel (im normalen Leben ja oft recht tauglich). Und so rufe ich die *ARGE*-

Widerspruchsstelle an. Zuständige in Urlaub. Ich versuche es bei meinem *Persönlichen Ansprechpartner*. *PAP* nicht da. Ich lasse mir vom Servicecenter (nachdem ich es endlich erreicht habe) die Mail-Adresse der *ARGEn*-Direktion geben (die im Netz nicht zu finden war) und bitte auf elektronischem Wege um einen Gesprächstermin. Mail kommt zurück, Adresse falsch. Ich sende den Schrieb an meinen *PAP* mit der Bitte um Weiterleitung an die Amtsleitung. Der *ARGE*-Leiter antwortet nicht. Nun also doch: »Widerspruch einlegen!« Gewiss doch. Sofort.

Die Frist für eine Antwort der Gegenseite verstreicht.

Also »Einstweilige Verfügung beantragen!« Sofort. Gewiss doch.

Aber: Widerspruch hat keine aufschiebende Wirkung.

Heißt im Klartext, ich bin, bis das Gericht über die »Einstweilige« entschieden hat, Sklavin der argen *ARGE*.

In immer dichter werdender Frequenz erhalte ich nun *Einladungen* der *Fachberaterin Vermittlungsunterstützung*, die mir auf die Sprünge helfen soll. Als Absagegrund gilt nur *Arbeitsaufnahme, Vorstellungstermin* oder *Krankheit.* (Der Todesfall bleibt unerwähnt, obwohl es doch auf Amtsdeutsch heißt: »Der Tod stellt die stärkste Form der Dienstunfähigkeit dar.«)

Wieder so eine *Einladung,* die keine ist. Und wozu lädt man mich? Auf der *Einladung* steht *Maßnahme*, doch die *Fachberaterin* schreibt, das sei keine *Maßnahme*, sondern eine *Info-Veranstaltung,* also ein *Bewerbungstraining*. Alles klar? Ist ja auch egal, jedenfalls muss ich hin, sonst wird (unbeschadet meiner selbstlosen Erwerbstätigkeit und meines 35-jährigen Bewerbungstrainings als Freiberuflerin) mein Regelsatz einen Kopf kürzer gemacht und der Gürtel um meine zierliche Taille enger geschnallt, denn Widerspruch hat keine aufschiebende undsoweiter.

»AU!« sagt meine RA; eine *Arbeitsunfähigkeitsbescheinigung* soll mich retten. Aber *krankgeschrieben* könnte ich nicht mehr arbeiten, und ich will doch arbeiten! Gar nicht so einfach.

Und auf schriftliche Weisung meiner Bewährungshelferin, der analphabetischen Maßnahmenleiterin, muss ich mir berufliche Termine ab sofort bestätigen lassen, »und zwar schriftlich!!!!«

(Die Dame liebt Ausrufezeichen.)

Na prima. So ein Outing als Stütze-Empfängerin steigert die Auftragschancen, vor allem bei geschäftlichen Erstkontakten.

Was also tun? Zwecks Vermeidung weiterer Disziplinierungsmaßnahmen vielleicht doch kusch antreten beim akademischen Training? Zu riskant. Die Fachfrau macht pro Kurzmail bis zu sieben Fehler. Flüchtigkeitsfehler abgezogen, bleiben gravierende formelle, stilistische und orthographische Wiederholungstaten. Sollte die *ARGE*-Domina mich in den neuerdings angesetzten Einzelstunden anleiten, »bei Arbeitsgebern, Instutionen ect« (sic) schriftlich um 1-€-Jobs nachzusuchen, wäre Kritik meinerseits kaum zu vermeiden. Aber mit Kritik gäbe ich »Anlass zum Abbruch der Maßnahme«, und müsste (laut Eingliederungsdiktat) dieselbe dann selbst zahlen. Wovon? Hm, tja, steht nirgends; mutmaßlich ratenweise vom Gekürzten des Gekürzten. (Einer nackten Frau kann man nicht in die Tasche greifen? Das habe ich auch mal geglaubt.)

Immerhin, die »Einstweilige« könnte mich einstweilen vor weiteren Lehrstunden in Unterwürfigkeitstraining bewahren. Das Gericht könnte aber auch anderes Recht sprechen. Dann müsste ich de jure bis zum rechtskräftigen Urteil widerspruchslos mitwirkend buchstäblich alles tun oder erdulden, was die *ARGE* sich für mich ausdenkt, und sei es noch so hochfrequent widersinnig. Und: Letzte Sicherheit gibt's erst beim finalen Gerichtsurteil. Bis dahin können locker mal zwei bis drei Jahre vergehen. Erst dann wüsste ich definitiv und im Nachhinein, ob ich in der Vergangenheit weit unter dem Existenzminimum hätte gelebt haben müssen, oder ob ich mein reguläres Regelsätzchen von 345 Euro (Strom und Warmwasser inklusive) voll und ganz und gar hätte verprasst haben dürfen.

Dann rief mich die *ARGE Widerspruchsstelle* an. Man dächte darüber nach, die Sanktion unter Umständen vielleicht eventuell teilweise ein wenig zurückzunehmen; wenn, ja, wenn ich denn bereit sei, das Bewerbungstraining brav zu absolvieren, egal wie niveau- und sinnlos es möglicherweise wahrscheinlich tatsächlich und besonders naja offensichtlich in meinem Fall sei.

Diese Kröte müsse ich schon schlucken, wenn ich unsanktioniert weiterleben wolle. (Also weiterleben wolle.)

Krötenschlucken? Von Krötenschlucken war ja noch nicht einmal im Sklaventraktat namens *EV* die Rede! (Und überhaupt: Wer schluckt da wessen paar Kröten?) (Und übrigens: Bei diesem Telefonat wurde ich auch aufgefordert, dem *FM* meinen Terminkalender, der mir auch als privates Tagebuch dient, zur Einsichtnahme vorzulegen. Ich habe mich geweigert. Aber das nur nebenbei.)

Trotz unzureichender Einkünfte bin ich zum 1.12.2005 »aus dem Bezug ausgeschieden«. Auf eine Dienst- und Fachaufsichts-Beschwerde habe ich verzichtet, nicht zuletzt, weil mein Drucker ...

Wovon ich die nächste Miete zahle, weiß ich noch nicht. Aber es wird schon gehen. Denn jetzt, da ich nicht einmal mehr *ALG II* beziehe (und deshalb, wenngleich noch ärmer als zuvor, auch die Armentafel nicht mehr in Anspruch nehmen darf), können Sie, liebeR LeserIn, mich endlich zum Frühstück einladen, ohne dass ich das der Administration melden und 88 Cent dafür abführen muss. Kein Witz, Hartz-IV-Regelung. (Falls Sie mir das Fahrgeld schenken, könnte ich zum Frühstück sogar ganz legal von München nach Augsburg reisen, denn ich genieße nun aufs Neue das Grundrecht der Freizügigkeit: Seit dem 1.12. darf ich meinen Sprengel wieder verlassen, ohne der *ARGE* diese verdächtige grenzüberschreitende Bewegung zu melden. Also: freie Fahrt zum freien Frühstück für die freie Bürgerin!)

Mit Bescheid vom 2.12.2005 nahm die *ARGE* den sanktionierenden Kürzungsbescheid »vollumfänglich« zurück.

Der Grund für eine *Einstweilige Anordnung* war damit entfallen.

In der Statistik erschien ich danach vermutlich als: »Nach Bewerbungstraining erfolgreich vermittelt.«

Allerdings, laut ARGE-Rentenbescheid endete mein Leistungsbezug bereits am 30. April des Jahres 2005.

Nanu.

Es wurden insgesamt 10,07 Euro an Rentenbeiträgen gezahlt.

Aha.

Und zwar für die Leistungsart *Arbeitslosengeld II ohne Arbeitslosigkeit.*

Soso.

Demnach bin ich überhaupt niemals arbeitslos gewesen.

WIE BG 344987 DIE WORTE ABHANDEN KAMEN

Als sie zum Jobcenter ging, wusste sie, dass *Berufe* ausgedient hatten. Während sie den »Erstantrag auf Leistungen zur Sicherung des Lebensunterhaltes« ausfüllte, ärgerte sie sich über den bürokratischen Arbeitsaufwand. Gravierender jedoch war der Verlust der Privatsphäre, den sie als »Bedarfsgemeinschaft 344987« auch noch selbst zu bewerkstelligen hatte, indem sie sich gezwungenermaßen all ihrer Daten entkleiden musste.

Ab nun würde sie jeden zumutbaren Job annehmen müssen; diese Unfreiheit war hart; am härtesten allerdings empfand sie die mit alledem einhergehende Entwürdigung.

Bald darauf stand sie bei der Armentafel und dachte, das Beschwerlichste am Armsein sei doch das Anstehen in der Schlange der Hoffnungslosen.

Auf die erste Zahlung musste sie lange warten; da fand sie, nichts sei zermürbender als die Angst um die Miete und das Dach überm Kopf. Doch als die *Hilfe* endlich auf ihrem Konto einging, schien es ihr das Bitterste zu sein, dass das offizielle Existenzminimum nicht einmal für das einfachste Leben ausreicht.

Sechs Bescheide, fünf Widersprüche, zwei Klagen und zwei sinnlose Maßnahmen später mutmaßte sie, das Ärgste sei doch, um das Zuwenige auch noch kämpfen zu müssen.

Nach einem Jahr, in dem sie nicht mehr beim Friseur gewesen war, in keinem Kaufhaus und keinem Café, sah sie zum ersten Mal die unsichtbaren Schilder hängen, auf denen stand »Kein Zutritt für Hartz-IV-Empfänger«. Da hegte sie den Verdacht, das Bedrückendste sei das Ausgeschlossensein, und sie suchte das Gespräch mit FreundInnen. »Hartz IV?«, sagten die, »das passt doch gar nicht zu dir!«, oder: »Armentafel? Da gehörst du aber wirklich nicht hin!«, und sie fragte: »Aber zu welchem Menschen passen denn Armut und Almosen?«, und sie dachte, nichts sei anstrengender als der Versuch, Fragen mit Gegenfragen außer Kraft zu setzen.

Doch als dann die guten Ratschläge auf sie niederprasselten (»Willst du nicht mal versuchen ...« »Könntest du nicht ...« »Mach doch einfach ...« »Hast du noch nie daran gedacht...«), da wähnte sie, das Deprimierendste seien hilflose Rechtfertigungsversuche angesichts gutgemeinter, kaum durchdachter und nicht umsetzbarer Ratschläge von wohlmeinenden Mitmenschen.

Doch als ihr die Druckerpatronen ausgingen und sie Anträge und Widersprüche bei einer Nachbarin ausdrucken musste, da war sie sich sicher, das Qualvollste sei der Verlust der Eigenständigkeit.

Sie ging nicht mehr in die Sauna, gab das Krafttraining auf und ging stattdessen zum Treffen eines Arbeitslosenclubs. Angesichts fehlender Zähne und unbehandelter Bronchitiden (war das ihre Zukunft?) meinte sie, auf einen schicken Haarschnitt und hübsche Unterwäsche zu verzichten, sei eine Kleinigkeit; bedrohlich aber sei, wenn das Geld nicht mehr zur Begleichung einer Rezeptgebühr reicht.

Etwas später kürzten die *ARGE* ihr die Mietzahlungen; nun war ihr das Bitterste die Ohnmacht der Schwachen.

Im Herbst darauf wollte ihr Freund sie zu einem Urlaub einladen.

Doch die *ARGEn* lehnten ihren Antrag ab: sie habe (zumal sie so oft und so lange krank gewesen sei) dem Arbeitsmarkt uneingeschränkt zur Verfügung zu stehen. Da wusste sie, dass man mit dem Geld auch das Bürgerrecht auf Freizügigkeit verliert. Doch diesmal legte sie keinen Widerspruch ein. Und das beunruhigte sie am meisten: dass sie nicht mehr die Kraft hatte, für ihre Rechte einzutreten.

Der Freund fuhr allein. Kam nicht zurück. Nicht zu ihr. Sie ging unter die nahegelegene Eisenbahnbrücke und schrie es, als ein Zug kam, laut in die kalte Nacht: Das Unerträglichste ist, dass Geld mächtiger ist als Liebe.

Nach der Auflösung ihres letzten kleinen Sparguthabens ließ es sich nicht mehr verbergen. Das Abschiedsessen des Sprachkurses zum Semesterende; der Business-Lunch mit dem potenziellen Auftraggeber (von dem sie nicht wusste, ob er sie einladen würde); der monatliche Kinoabend mit KollegInnen; und, im Sommer, die Ausflüge in die Eisdiele mit der Nachbarin – sie wollte nicht lügen; aber sich als arm zu offenbaren, kostete Überwindung; erforderte Mut; bedeutete, aushalten zu müssen, was darauf folgte; denn Arme sind wie Aussätzige und werden gemieden.

Da sagte sie sich, das Unerträglichste sei die tägliche Entscheidung zwischen der Last der Verstellung und der Ödnis der Vereinsamung.

Oder war das Ärgste doch die Sinnlosigkeit fortgesetzter vergeblicher Bemühungen? Hunderte Bewerbungen blieben unbeantwortet, gerade so, als hätte sie niemals geschrieben, gerade so, als gäbe es sie nicht. Und das nun war gespenstisch: dass sie nicht mehr zu existieren schien. Networking sei wichtig, sagten die FreundInnen. »Networkst du?« – »Networkst du genug?« – »Du networkst doch hoffentlich?«

Sie not-workte; schrieb an alle VIPs, die sie von früher her kannte, Menschen mit Beziehungen, Menschen, die Türen öffnen konnten.

Fünf von zehn antworteten nicht. Drei simsten, sie könnten leider nicht helfen. Zwei sprachen per Mail ihr

Entsetzen darüber aus, dass eine wie sie »dort« hingeraten sei und versprachen, etwas zu tun, wann immer sich die Gelegenheit dazu ergebe.

Wieder verging ein Jahr. Dass einige, die hätten helfen können, nicht halfen, das war schwer zu verkraften. Beklemmender jedoch war die Erkenntnis, dass ihre Rente nie zum Leben reichen würde, selbst wenn sie ab sofort voll arbeiten würde, bis zum Renteneintritt nach 45 Berufsjahren. Diese Aussichtslosigkeit war atemberaubend.

Indes, die FreundInnen (»Kannst du nicht irgendwas anderes machen?«) beharrten darauf (»Jetzt kann's nur noch besser werden!«), es müsse einen Ausweg geben. (»Es gibt immer einen Ausweg!«)

Sie weinte nächtelang. Gewiss, das Erklären-und-sich-rechtfertigen-Müssen, das strafbewehrte Soll von mindestens vier Bewerbungen pro Monat, das war anstrengend, beschämend und trostlos; aber das Trostloseste war die Verharmlosung der Trostlosigkeit.

Nach einem weiteren Jahr, in dem sie kein Theater, keine Oper und kein Kino besucht hatte und auch ihre Musikanlage den Geist aufgegeben hatte, zog *BG 344987* Bilanz.

Die abfälligen Bemerkungen des Fallmanagers konnte sie mittlerweile gut wegstecken (zumal sie den erzwungenen *ARGE*-Einladungen nur noch mit Begleitschutz nachkam); routiniert und gelassen verfasste sie Widersprüche und Beschwerden. Es versetzte sie nicht mehr in Wut, dass der Futtersatz für einen Menschen mit 3,98 Euro veranschlagt war, während der Menü-Etat eines Polizeihundes 6,80 Euro betrug. Es fiel ihr nicht mehr schwer, auf Orangensaft und Datenschutz zu verzichten (denn Leitungswasser tat es auch, und schließlich hatte sie nichts zu verbergen); auf eine Freizügigkeit, die mangels Geldes ohnehin nur theoretisch war, konnte man pfeifen; und die Gesundheit war eigentlich auch schon egal. Aber den Verlust von Kultur, den konnte sie nicht verwinden. Und war Kultur nicht auch Schönheit?

Im Arbeitslosencafé erhielt sie nützliche Informationen und praktische Hilfe; doch angesichts löchriger T-Shirts, abgewetzter Schuhe und ungepflegter Haare fühlte sie sich fremd, einsam, verloren.

Ihre vorwurfsvolle, ja nachgerade aggressive Bemerkung, zumindest gute Tischsitten seien ja schließlich gratis zu haben, ersetzte sie rasch und schuldbewusst durch die sozialethische Frage, ob andauernde Armut zwangsläufig zu Verwahrlosung führen müsse oder ob es auch würdiges Armsein geben könne. (Sie war sich nicht sicher; aber sie wollte sich darin versuchen.) Jedenfalls traf der Verlust der Schönheit sie am schmerzlichsten.

Nach drei Jahren im Bezug kam sie sich vor, als sei sie in eine Parallelwelt versetzt worden. Mitunter traf sie noch mit einst altvertrauten Menschen aus der einst vertrauten Welt zusammen, hin und wieder erhielt sie noch einen Auftrag in jener nun immer fremderen Welt. Und während sie anlässlich einer Auszeichnung (das Preisgeld ging an die Staatskasse) Glückwünsche und Handküsse entgegennahm und an einem Glas Champagner nippte, verhängte die *ARGE* (wohl, um das bundesweite Plansoll von monatlich 99 000 Sanktionen zu erfüllen) eine 60 %ige Kürzung gegen sie, die zwar nach Beschreiten des Rechtswegs »vollumfänglich« zurückgenommen werden musste, aber zwischenzeitlich dazu führte, dass sie berufliche Termine absagen musste – denn wer würde bei einem Auftraggeber um einen Vorschuss für die S-Bahn bitten wollen?

Wie eine Freigängerin wanderte sie nun hin und her zwischen einer Welt, die längst keine Heimat mehr für sie war und einer anderen, die unentrinnbar und doch, als wäre sie nur ihr persönlicher Albtraum, für andere nicht existent zu sein schien. Da empfand sie, diese absurde Wanderung zwischen den Welten sei das Unheimlichste.

In Wahrheit aber war das Schlimmste, dass ihr die Worte abhanden kamen.

Es geschah so unauffällig, dass sie selbst dessen erst gewahr wurde, als sie schon keine mehr hatte. Aber wann hatte es angefangen, dass die Worte aufgehört hatten?

Kurz nachdem sie in die Armutsmühlen geraten war, hatte ihr jemand gesagt: »Es wundert mich aber schon, dass bei deiner vielen Arbeit so wenig herausgekommen ist!« und sie hatte geantwortet: »Ja, tatsächlich, das wundert mich auch!« Da hatte sie also noch Worte gehabt. Auch als sie der Härte der Neugesetze und ihrer grausamen Umsetzung gewahr wurde, war sie nicht müde geworden, in langen Mails aus der Parallelwelt zu berichten, so, wie in Märchen von einer verborgenen Schreckenskammer erzählt wird, die jemand zufällig betreten hat.

»Tausende von schwangeren Frauen werden auf Null gekürzt!« – »Was? Also, davon hab' ich aber nichts gelesen!« – »Weil es medial verschwiegen wird.« – »Das ist doch 'ne Ente!« – »Nein, es ist wahr! Und wer auf Null gekürzt wird, ist auch nicht mehr krankenversichert.« – »Das kann ich nicht glauben.« – »Ein Politiker plant die elektronische Fußfessel für Langzeitarbeitslose!« – »Ach komm.« – »Ein Volkswirtschaftsprofessor hat vorgeschlagen, Mittellose sollen ihre Organe verkaufen!« – »Naja, aber ... aber das wird ja schließlich nicht umgesetzt.« – »Was macht dich so sicher?« – »Es wird nichts so heiß gegessen, wie es gekocht wird.« – »Bei einer Vollsanktion bekommt man gar nichts mehr! Das ist Mord auf Raten!« – » Naja, also, wenn jemand gegen die Regeln verstößt ...« – »Wir haben wieder Zwangsarbeit in Deutschland! Wieso sieht niemand das Offensichtliche?! Wieso schreit niemand auf?« – »Also nee, also weißt du, also solche Vergleiche, die sind jetzt aber schon wirklich arg weit hergeholt.« – »Inwiefern?– »Also...« – »Sag schon!« – »Also, im Internet steht, das ist keine Zwangsarbeit, das ist nur Arbeitszwang. Zwangsarbeit ist bei uns ja gar nicht erlaubt.«

Nun wusste sie, wie *das damals* hatte passieren können, nämlich: so.

Sie sprach nicht mehr über Geschichte und Politik. Doch auch privat bewegte sie sich auf dünnem Eis; schon eine Geburtstagseinladung ließ es brechen. »Keine Geschenke! Wir kennen ja deine Situation; wir freuen uns, wenn du kommst; bring den Nachtisch mit, das reicht schon; kauf einfach nur ein Dutzend Krapfen!«

Was sollte sie sagen? »Kann leider nicht kommen, liege mit Magenverstimmung im Bett ...«?

Oder (Sprachkurs, ermäßigt): »Is shopping stress for you?«

Was sollte sie sagen? »Oh no, not all all, shopping is infinite jest!«

Oder (Nachbarin vom Nebenhaus, ahnungslos): »Und? Wo geht's bei Ihnen hin im nächsten Urlaub?«

Was sollte sie sagen? »Och, ich mach' am liebsten Urlaub auf Balkonien!«

Oder (Kollegin, nett): »Kommst Du am Freitag mal wieder mit ins Kino?«

Was sollte sie sagen?

Und manchmal ging es dann, freundlich, noch weiter und wurde noch enger: »Wenn dir das lieber ist, können wir ja auch in die Sauna gehen« ... Was sollte sie sagen? »Oh, äh, hm, also, Sauna vertrage ich in letzter Zeit gar nicht mehr«

Sollte sie sagen: »Ich habe kein Geld«?

Ich hab' kein Geld. Ehrlich. Nein, ich meine nicht »Ich habe nix mehr in der Tasche und muss erst zu Bank«, ich meine, ICH HAB' KEIN GELD! Keinen Shopping-Schotter, keine Reise-Rücklagen, keine Piepen für Wellness, keine Kohle für Kino, keine Knete für Krapfen; kein Moos für den Cappuccino im Café, keinen Zaster für eine Halbe im Biergarten, keine Mäuse für Sprachkurs-Restaurantbesuche; keinen Cent für Druckerpatronen, keinen Euro für Mitbringsel, keine Kröten für Blumen und keinen Schein für einen Christbaum, denn auch der dafür vorgesehene mickrige Betrag wurde gestrichen. Für Bildung gesteht man mir 1,39 zu. Euro. Im Monat. Die für »Freizeit, Kultur, Unterhaltung« (inklusive Schreibwaren) gewährten 39,96 gehen zur einen Hälfte für die Schreibwaren drauf, zur anderen für Haftpflicht-, Hausrat- und Unfallversicherung. Der eckregelsatzrelevante Betrag von 7,16 für »Beherbergungs- und Gaststättendienstleistungen« fließt an Gewerkschaft und Mieterverein. Die für Nahverkehr erlaubten 22,78 reichen bei weitem nicht aus und müssen mit dem Satz »Bekleidung und Schuhe« (30,40) aufgestockt werden. Und den Elendsetat für »Nahrungsmittel und alkoholfreie Getränke« von 3,98 pro Tag kann ich nicht ausschöpfen, weil ich Medikamente kaufen muss. Und so gehe ich zur Tafel, weil das bisschen Scheißgeld selbst für Lebensmittel nicht reicht! Versteht ihr? Versteht ihr denn nicht? Versteht das denn niemand? Versteht denn niemand irgendwas?

ICH HABE VERDAMMT NOCH MAL KEIN GELD!!!

Sollte sie das alles sagen? Nein, das konnte sie nicht sagen. Sie wusste, dass, wer nicht dort war, sich das nicht vorstellen konnte. Sie wusste, dass, wer (noch) nicht dort war, sich das auch gar nicht vorstellen wollte; geschweige denn glauben. Also, was sollte sie sagen?

Andererseits, wie kann man schweigen, wenn man etwas gefragt wird?

So fing sie an, Menschen zu meiden, die ihr hätten Fragen stellen können.

So fing sie an, Menschen zu meiden.

Und dann (also, wann, das war nicht genau
auszumachen. Jedenfalls, im Laufe der
Zeit, nicht »eines Tages«, es war eher
so, oder besser gesagt, es ergab
sich so, dass man sie seltener
(nicht selten, aber doch nicht
mehr ganz so oft wie zuvor)
besuchte und telefonisch
war sie leider meist so
schwer zu erreichen.
Na ja. Und so kam
es; so wurde das
ganz unauffällig
nach und nach
unbeobachtet
unbemerkt
allmählich
langsam
immer
mehr
so

Das absurde Armutsvirus

(Aus einer E-Mail, Herbst 2005)

Hallo, liebe Freundinnen und Freunde!

Meine Tochter ist wohnsitzlos, herrje. Und das alles wegen Hartz IV. Ihre Studentenbude hat sie schon aufgelöst, wegen der bevorstehenden Fernreise. Aber bis zur Rückkehr braucht sie eine Meldeadresse, und so wollte sie sich vorübergehend bei Mama anmelden; liegt ja nahe. Geht aber nicht. Mutter kann Tochter nicht aufnehmen, – auch nicht rein formell. Wenn ich der ARGE die Anmeldung mitteile, rechnen die mir fiktive Tochter-Quadratmeter raus und kürzen die Mietzahlungen – obwohl das Kind, mit knappem Budget unterwegs in der Ferne, weder bei mir wohnt, noch Miete zahlt. Zudem würde die Verwandte bürokratisch-automatisch Teil der »Bedarfsgemeinschaft« und geriete in den Strudel von Antragsformularen und Datennachweisen, obwohl sie staatliche Leistungen ja gar nicht will. Und einige Monate später, sobald die Heimkehrerin wieder ein eigenes Zimmer in Deutschland hätte, oblüge uns die Rückabwicklung des papierenen Irrsinns. Ihr meint, ich solle die bedeutungslose Anmeldung der Behörde einfach verschweigen? Aber wenn die ARGE beim Einwohnermeldeamt nachfragt? Wenn auffliegt, dass ich die »Veränderungsmeldung«, zu der ich verpflichtet bin, nicht getätigt habe, muss ich mit Strafkürzung rechnen. Also – Fragen geht nicht (schon die Frage würde mich verdächtig machen), Melden geht nicht, Verschweigen geht nicht, und so ist Tochter nirgends gemeldet. Aber das soll ja auch strafbar sein. Ob jemand von Euch die wohnsitzlose Studentin pro forma vorübergehend aufnimmt? Das wäre toll ... auch wenn ich das Gefühl hab', alle irgendwie reinzuziehen in diesen irrwitzigen Hartz-Scheiß.

Sollte das absurde Armutsvirus etwa doch ansteckend sein?

»Hartz IV ist ein Armuts- und Ausgrenzungsgesetz und gehört abgeschafft!«[56]

Katja Kipping, stellvertretende Bundesvorsitzende der Partei Die Linke, 2009

»Für mich ist das ein großer Fehler, ein Betrug, wenn Sie so wollen, an denen, die jahrelang in die Arbeitslosenversicherung eingezahlt haben.«[57]

Peter Hartz, 2007

»Herausgekommen ist ein System, in dem die Arbeitslosen diszipliniert und bestraft werden.«[58]

Peter Hartz, 2007

»Hartz IV ist offener Strafvollzug. Es ist die Beraubung von Freiheitsrechten. Hartz IV quält die Menschen, zerstört ihre Kreativität.«[59]

Götz W. Werner, Gründer der Drogeriemarktkette dm, 2006

10. KAPITEL

DAS LEBEN NACH HARTZ IV

DIE SPUREN DER ENTRECHTUNG

Ich bin nicht unter der Brücke gelandet. Ich hatte Glück.

Aber es hat wehgetan, Brot und Radieschen vom Restetisch holen zu müssen; es war demütigend, mich nicht mehr frei bewegen zu können und es hat einsam gemacht, nicht einmal mehr an den kollektiven saisonalen Rhythmen und Bräuchen teilhaben zu dürfen.

Die Spuren der Entrechtung, der Entwertung wird man nur schwer wieder los. Entwürdigung lässt sich nicht so einfach zerbröseln wie der österliche Schokonikolaus von der Tafel.

Obwohl ich Hartz IV längst entronnen war, stieg jeden Freitag Groll in mir auf. Zwar hatte ich das fröhlich bunte Knackgemüse vom Biohof selbst im Internet zusammengestellt; doch der Anblick der vorgepackten Kiste erinnerte mich an Tafelzeiten; an Almosen.

Obwohl schon längst nicht mehr »im Bezug«, war ich nachhaltig verstört, als eine Freundin einen Wellnessgutschein einzulösen vergaß: Wie konnte man verfallen lassen, also wegwerfen, was ich mir so sehr gewünscht hätte in hartzigen Zeiten?

Damals hatte ein Freund mir das Leben mit Espresso-Gutscheinen erhellt; und ein Cafébesuch gibt mir auch heute noch das Gefühl von luxuriöser Freiheit.

Richtig teuer essen gehen kann ich allerdings immer noch nicht, egal wer mich einlädt. Angesichts eines Tellers, auf dem mehr Geld liegt, als ich in einer hartzigen Woche zur Verfügung hatte, wird mir übel.

Und als mein Mann mir mal die Heizung runtergedreht hat, verfiel ich in Hysterie: Da könne er mir ja besser das Essen entziehen, Hungern sei leichter für mich als Frieren, schon 1981 hätte das Scheißamt mir und meinem Kind keine Wärme gegönnt, und nie, nie, nie wieder wolle ich mir Essen oder Wohnung oder Wärme oder Freizügigkeit wegnehmen oder überhaupt mich in meinen Grundbedürfnissen einschränken lassen.

Mein Geschrei war unfair. Ohne meinen Mann stünde ich auch heute in der Schlange bei der Tafel.

Zwar beziehe ich inzwischen eine Rente in fast schon männlicher Durchschnittshöhe, als Alleinstehende käme ich damit aber nicht weit. Mit rund 900 Euro hätte ich keinen Anspruch auf *Grundsicherung im Alter* (kurz *GruSi*) und wäre auf Zusatzeinkommen angewiesen, das regelmäßig zu erzielen schwierig ist; schon eine kurze Krankheit könnte mich wieder in *GruSi* katapultieren; und in *GruSi* dürfte ich (nach einer Erhöhung der Grenze für das *Schönvermögen* im Jahr 2017) höchstens 5.000 Euro Rücklagen haben. Kaputter Kühlschrank? Neue Brille, neuer Computer? Zuzahlungen zur Augen-OP? Alles wäre eine Katastrophe.

Die Spuren der Entrechtung, die Spuren der Entwürdigung ... ob ich sie je wieder loswerde?

Ich übe; mein Mann hilft mir dabei.

MONOLOG EINES BETRUNKENEN OBDACHLOSEN

Kein freier Mensch mehr bist. Wenn du da bist. Wo ich war.

Ein Rechtloser bist. Vogelfrei. Da ist man hier besser aufgehoben. Frei.

»Freizügigkeit«. Dass ich net lach'. Erstens: Wohin fährst, ohne Geld? Als wär' das nicht genug! Zweitens: »Reisen verboten!« Brav daheim sitzen. Und warten. Auf Jobs. Die's nicht gibt. »Das Bürgerrecht der Freizügigkeit ist zusammen mit dem Antrag abzugeben!« – »Jawohl, Herr Oberst!« Und: »Briefkasten leeren! Täglich!« Könnt' ja 'ne ‚Einladung' drin sein. Einladung! Einlala. Hahaha. Leckt's mich doch am Briefkasten. Ich hab' keinen mehr. »Sie dürfen nicht ohne Genehmigung umziehen, das ist verboten!« Verboten! Mir verbietet niemand was. Meine Omma hat sich auch nix verbieten lassen. »Hitler ist ein Lump!«, hat sie gesagt, in der Öffentlichkeit, 38 war das. »So seien Sie doch still, Frau Untersberger, um Himmelswillen!« – »Hitler ist der größte Lump!« Meine Omma. Einen Schneid hat sie g'habt, die Frau. Und so einen schönen Garten. So einen wenn man hätt'. Aber so ... da lebt man besser unter der Brücke. Weil man da wenigstens noch eine Würde hat. Kalt ist's halt. Aber nicht so eisig wie aufm Amt. »Teilhabe!« Teil-haha-be. Nicht mal das Bier lassen sie dir. Gestrichen. Alles. Hamsterfutter. Weg. Weihnachtsbaum. Ffffft! Nur Fernsehen darfst. Television. Tele-wie-schön. Tell-lie-vision. Damit's du verblödest. Das lassen sie dir. »Sie müssen uns reinlassen!« Ich? Die? Nee! Von den ARGEn kommt mir niemand rein! »Nix da. Unverletzlichkeit der Wohnung! Bürgerrecht, meine ARGEn Herren!« – »Wenn Sie auf Ihrem Recht bestehen, dann müssen Sie eben auch die Konsequenzen tragen. Dann kommt eben eine Sanktion!« Und dann kam die Sanktion. Voll. Jetzt könnt ihr mich alle mal die Brücke runterrutschen können die mir.

Ja, Pech, meine Herren, da müssten Sie mich jetzt schon unter der Brücke suchen! Aber hier besucht ihr mich eh nicht mehr. Weil, da bin ich jetzt eben endlich frei ...

»Und deswegen empfehle ich auch den Politikern ..., mal so ein Hartz-IV-Praktikum zu machen, so sechs, acht, zehn Monate.«[60]

Götz W. Werner, Gründer der
Drogeriemarktkette dm, 2006

»Das, was die Menschen beklagen, die Betroffenen, die Erwerbslosen, die Verbände, die Wissenschaftler, z.T. auch soziale Politiker, das ist wahr.«[61]

Inge Hannemann, ehemalige
Jobcenter-Mitarbeiterin, 2014

11. KAPITEL
HARTZIGER AUSKLANG

HARTZIGE BEZUGSZEITEN

Siebter Bezugszeitraum seit 2006, zum sechsten Mal ist das Lebensminimum nur mit anwaltlicher Hilfe zu erlangen.

Wir schreiben das Jahr 2013. Ich bin 62, seit 43 Jahren im Beruf, (Synchron-)Schauspielerin, mehrfach prämierte Autorin, Ex-Alleinerziehende, Inhaberin eines Schwerbehindertenausweises GdB 50. Seit geraumer Zeit setze ich mich für die Enttabuisierung der Armut vor allem bei freien Medien- und Bühnenschaffenden ein (s. u. a. ZDF, »37 Grad«, »Prominent aber pleite«, 2011; WDR, »Da haben wir was angerichtet«, 2013)

Während und nach einer fünfjährigen Krankheitsphase war ich immer wieder auf *ergänzendes ALG II* angewiesen, denn als »Freie« hatte ich keinen Anspruch auf Krankengeld und ALG I.

Die »Bezugszeiträume« waren:

1.4. – 31.9. 2009

27.4. – 31.10. 2010

1.2. – 31.3. 2011

1.9. – 31.11.2011

1.2. – 31.7.2012

1.3. – 31.8.2013

und noch einmal für einige Monate ab dem 1.9.2013.

Während dieser Bezugszeiträume war ich berufstätig, konnte jedoch wegen Krankheit ausreichendes Einkommen nicht mit Sicherheit erzielen, d.h. ich war sogenannte Aufstockerin. Mein berufliches Einkommen wurde mit den staatlichen Leistungen verrechnet; zum anrechnungs- bzw. abzugsfähigen Einkommen zählte auch die Erwerbsminderungsrente, die ich ab 2007 erhielt.

Für sechs von sieben Bezugszeiträumen musste ich anwaltliche Hilfe in Anspruch nehmen, um das staatlich gewährte Lebensminimum zu erlangen:

2009: Im Zeitraum vom 1.4. bis 31.9. kam es zunächst zu einer Zahlungsverzögerung, dann zu einer Mietkürzung um etwa 70 Euro pro Monat (also ca. 1/4 des Regelsatzes). In dieser Zeit war ich schwer krank mit Polymyalgia rheumatica; außerdem wurde ich an der Hüfte operiert und fühlte mich (während Klinik- und Reha-Aufenthalten) einem Rechtsstreit nicht gewachsen. So verzichtete ich zunächst auf Widerspruch, im Glauben, für einen späteren Überprüfungsantrag fünf Jahre Zeit zu haben. Doch als ich das 13 Monate später angehen wollte, war die Frist für »Überprüfungsanträge« klammheimlich auf ein Jahr herunterschraubt worden. Fazit: ca. 400 Euro vom ohnehin unzureichenden Überlebensalmosen waren weg.

2010: Im Zeitraum ab dem 27.4. kam es erneut zu einer erheblichen Zahlungsverzögerung. Auch zu der Zeit war ich nur eingeschränkt arbeitsfähig (dreifacher Bandscheibenvorfall, OP Juli 2011). Rund zwei Monate nach Antragstellung wandte ich mich an den Bürgermeister meiner Gemeinde; er fragte bei der Behörde nach. Die Amtsauskunft lautete, meine Akten seien verschwunden gewesen, inzwischen jedoch wieder aufgetaucht. Nachdem auch noch die ver.di-Rechtsabteilung aktiv geworden war, erhielt ich dann – neun Wochen nach Antragstellung – die erste *ALG-II*-Zahlung. Nur dank eines hohen Überziehungskredits war ich der Lage, zwei Monatsmieten vorzustrecken. Über einen solchen Kredit verfügen Hartz-IV-Beziehende normalerweise nicht.

Auch im damaligen Zeitraum, vom 27.4. bis 31.10.2011, wurden mir monatlich im Voraus rund 70 Euro vom Existenzminimum abgezogen, willkürlich und widerrechtlich, denn laut meinen Angaben auf dem Formular *Vorläufige Einkommenserklärung Selbstständiger* hätte nichts abgezogen werden dürfen, schon gar nicht im Voraus.

Anfragen vom 31.5. und 6.6. an die *ARGE* blieben – wie auch alle anderen – unbeantwortet.

Ab Ende September 2010 war ich zu Proben an einem Theater in Stuttgart. Zu wenig Leistungen von der ARGE, noch keine Gagenzahlung, und – weil Stuttgart nicht mein Wohnsitz war – keine *Tafelberechtigung*: So kam es, dass ich während anstrengender Bühnenproben zeitweise nicht genug zu essen hatte. Als ich nur noch 47 Kilo auf die Waage brachte, reiste ein Freund aus Straßburg nach Stuttgart, um mich mit Nahrungsmitteln zu versorgen. Aufs Konto überweisen konnte er mir nichts: Jeder Bankeingang wäre als *Einkommen* wieder abgezogen worden. Aus demselben Grund hätte mir auch eine offizielle Vorschusszahlung des Theaters nichts genützt – abgesehen von der Frage, ob man darum bitten möchte.

Während der Theaterproben musste ich mehrfach nach München zu Synchronterminen reisen, u. a. für die Serien »Law and Order« und »Criminal Intent«, für die es bereits bestehende Verträge gab. Auch hier wurden berufliche Reisekosten fällig, und so habe ich mir schließlich doch noch bei der Intendantin privat 100 Euro geliehen – in bar.

Da auch Leihgaben als Einkommen gelten, habe ich damit einen Rechtsbruch begangen, den ich hiermit gestehe. So werden Menschen in Bettelarmut gezwungen und kriminalisiert.

Bereits am 6.7.2010 hatte die Rechtsabteilung von ver.di Widerspruch gegen den unrechtmäßigen Bescheid

(Vorausabzug von 70 Euro monatlich) eingelegt; dieses Anwaltsschreiben blieb, wie zahlreiche weitere, unbeantwortet, die Angelegenheit vorläufig offen.

2011: Vom 1.2. bis zum 31.3. war ich erneut im sogenannten *Bezug*. Da der Bezugsraum nur kurz war und ich zu der Zeit einen Hörsturz erlitt, habe ich den betreffenden Bescheid nicht überprüft. Dank des Preisgeldes für mein mit dem Stuttgarter Autorenpreis prämiertes Hartz-IV-Theaterstück konnte ich von April bis August hartzfrei leben. Den Bescheid für den Zeitraum vom 1.9. bis zum 31.11. erhielt ich am 12.10., auch das Geld kam erst mehr als zwei Monate nach Antragstellung. Eine zwischenzeitliche Anfrage meinerseits war – wie immer – unbeantwortet geblieben. Erneut waren vom Existenzminimum widerrechtlich und willkürlich Abzüge vorgenommen worden, und so legte die Rechtsabteilung von ver.di am 17.10.2011 Widerspruch auch gegen diesen Bescheid ein. Die ver.di-Widersprüche vom 6.7.2010 und vom 17.10.2011 waren (ebenso wie zahlreiche Nachfragen) auch 2012 noch nicht beantwortet, und so musste ich im Januar 2012 wegen der Vorfälle im Jahr 2010 Klage einreichen.

Nach Klageerhebung erkannte die Behörde an, dass die Vorab-Abzüge nicht rechtens gewesen waren. Endlich erhielt ich eine Nachzahlung in Höhe von 516,26 Euro.

Die Summe, die mir zwei Jahre lang vorenthalten worden war, entsprach in etwa einer Monatsmiete. Dazu kamen die Fehlsummen, die wegen der zwischenzeitlich erfolgten Gesetzesänderung nicht mehr eingeklagt werden konnten.

2012: Vom 1.12.2011 bis zum 31.1.2012 war ich nicht im Bezug. Für den Zeitraum ab dem 1.2.2012 musste ich aus gesundheitlichen Gründen wieder einen Antrag stellen. In Anbetracht der ausnahmslos zu langen Bearbeitungszeiten (und damit gefährdeten Mietzahlungen) stellte ich schon am 14.1.2012 (also 14 Tage vor Beginn der Bedürftigkeit) Antrag auf Leistungen ab dem 1.2. Gleichzeitig beantragte ich vorsorglich »Vorschusszahlung«. Vorschusszahlungen sind, soweit beantragt, gesetzlich verpflichtend und müssen spätestens vier Wochen nach Antragstellung in angemessener Höhe gezahlt werden.

Gezahlt wurde nichts.

Auch am 20.3. – also rund sieben Wochen später – waren weder der Unterhalt noch der beantragte und gesetzlich vorgeschriebene Vorschuss überwiesen.

Meine Anfragen blieben ebenso unbeantwortet wie die der Rechtsabteilung von ver.di, die sich neun Wochen nach Antragstellung gezwungen sah, erneut Klage einzureichen.

Die ständigen Zahlungsverzögerungen waren für mich mit hoher Zinsbelastung (durch Überziehungskredit) verbunden; deshalb hatte ich bereits im November 2011 mein letztes Sparguthaben aufgelöst. (Das Guthaben lag weit unterhalb des »Schonvermögens«.) Nur weil dieses bisschen Geld nun frei war, konnte ich zwei Mietzahlungen vorstrecken; doch ob das *ALG II* bis zur dritten fälligen (und nicht mehr gesicherten) Mietzahlung kommen würde, war ja ungewiss.

Ein befreundeter Professor, der Bürgermeister meiner damaligen Heimatgemeinde (zum zweiten Mal) und die ver-di-Rechtsabteilung intervenierten beim Amt. Erst danach erfolgte die Zahlung ... 11 ½ Wochen nach Antragstellung.

2013: Bei *ALG I* wird man bekanntermaßen sanktioniert, wenn man den Antrag zu spät stellt, bei *ALG II* – seit neuestem – offenbar auch mal für das Gegenteil.

Am 16.2. stand ich nach sechsmonatiger Produktionszeit in der 103. und letzten Vorstellung eines Theaterprojekts in München auf der Bühne. Angesichts der ausnahmslos viel zu langen Bearbeitungszeiten hatte ich bereits am 10.2. einen Antrag auf *ergänzendes ALG II* für die Zeit ab dem 1.3. gestellt. Am 28.2. schickte das Jobcenter mir die schriftliche Androhung eines kompletten Leistungsentzugs.

Der mit der angedrohten Vollsanktion verbundene Verlust des Krankenversicherungsschutzes war für mich als Inhaberin eines Schwerbehindertenausweises besonders beängstigend.

Die Androhung, mir das Lebensnotwendige komplett zu entziehen, war begründet mit der absurden »Rechtsauskunft«, ich dürfe nicht schon am 10.2. einen Antrag für Leistungen ab 1.3. stellen. Demzufolge dürfen Bedürftige einen Antrag erst stellen, wenn die Notlage bereits eingetreten ist – und dies bei den *ARGE*-Bearbeitungszeiten von bis zu zwölf Wochen.

Aber wie sehr die Bedrohte auch im Recht sein mag, sie muss umgehend reagieren, um nicht ohne Geld und ohne Krankenversicherung dazustehen.

Muster wie gehabt: ver.di-Rechtsabteilung wird aktiv, Sanktionsandrohung wird zurückgezogen.

Gleichwohl beharrt die *ARGE* auf ihrer Rechtsposition, und so steht bis heute die Frage im Raum, wann Arme straflos einen Antrag stellen dürfen. Am besten gar nicht?

Fördern und Fordern? So werden Menschen ins Abseits befördert.

Selbst ein Mörder darf erst bestraft werden, nachdem ein abschließendes gerichtliches Urteil gefällt wurde. Keinem Schwerverbrecher darf Essen und Obdach entzogen werden. Arbeitslose und AufstockerInnen dagegen werden täglich tausendfach ohne Urteil bestraft und jeder existenziellen Grundlage beraubt.

»ICH FÜHLE MICH SO HILFLOS – WAS KANN ICH TUN?«

1.) Glauben Sie nicht, was in den Medien über »Hartzler« verbreitet wird

→ Widersprechen Sie energisch, wenn Mitmenschen über »Arbeitslose« oder »Hartzer« herziehen.

→ Geben Sie die Informationen zur Realität von Hartz IV weiter, über die Sie verfügen.

→ Halten Sie die Augen offen, wie es den Menschen in Ihrer nächsten Umgebung geht.

→ Schreiten Sie gegen Rechtsbrüche bei Jobcentern ein, auch wenn Sie nicht selbst betroffen sind.

2.) Helfen Sie, die Armut zu enttabuisieren

→ Sprechen Sie offen über Geld.

→ Scheuen Sie sich nicht, Hilfe anzubieten, die Sie leicht geben können.

→ Bieten Sie Betroffenen Begleitschutz beim Amt an; er wird dringend benötigt.

→ Laden Sie mittellose Mitmenschen ins Kino oder Theater ein. Zahlen Sie ihnen den Cappuccino im Café oder das Bier im Biergarten.

(Hinweis: Falls jemand aus ihrem Kreis gemeinschaftliche Unternehmungen immer öfter absagt, liegt es oft an bitterer finanzieller Not!)

3.) Werden Ihnen Rechtsbrüche oder Psychoterror durch Jobcenter bekannt, brechen Sie das Schweigen und schreiten Sie ein:

➜ Informieren Sie ortsansässige Parteien, Stadtrat, Bürgermeister, Bundestagsabgeordnete.

➜ Sind Sie selbst politisch tätig, setzen Sie sich für Hartz-Opfer und gegen Machtmissbrauch und Ämterwillkür ein.

➜ Fragen Sie beim zuständigen Amt nach; protestieren Sie gegen jeden Verstoß gegen das Grundgesetz.

Die gängige Praxis der Sanktionen gegen Hartz-IV-Bezieher verstößt laut Urteil des Sozialgerichts Gotha gegen folgende Artikel des Grundgesetzes:[62]

Art. 1. »Die Würde des Menschen ist unantastbar«

Art. 2. (Recht auf freie Entfaltung der Persönlichkeit)

Art. 12. (Freie Berufswahl, Verbot von Zwangsarbeit)

Art. 20 (Sozialstaatlichkeit)

Keine Beachtung findet Art. 19 (»Zitiergebot«). Dieser Artikel fordert, dass bei vom Grundgesetz abweichenden Regelungen der entsprechende Artikel des GG genannt und die Abweichung begründet werden muss, wobei in keinem Fall ein Grundrecht in seinem Wesensgehalt angetastet werden darf.

Schon allein, weil dieser Artikel nicht beachtet wird, sind große Teile des SGB II, v. a. die darin enthaltenen »Sanktionsmaßnahmen« (§ 31, Kürzung oder Wegfall des Lebensminimums und Verlust des Krankenversicherungsschutzes!) nach Meinung vieler Juristen als nicht gültig anzusehen.[63]

Hartz-IV ist menschenfeindlich und in wesentlichen Punkten grundgesetzwidrig.

Die Umsetzung dieser Gesetze ist kontraproduktiv, absurd, brutal, menschenverachtend, existenz-, gesundheits- und motivationszerstörend, oder, wie Katja Kipping sagt:

»Hartz IV ist ein Armuts- und Ausgrenzungsgesetz und gehört abgeschafft!«

Falls es Sie kalt lässt, wenn es nur um andre geht:

Der Wind, der hier weht, der kann auch Sie erreichen.

Auch Sie könnten hiervon betroffen sein – in einem kleinen Jahr!

Das machen Sie sich bitte alle klar!

»Brauch' ma net Hartz, brauch' ma mehr Herz!«

Frau Liba, 2017

Völlig veraltete Klassenkampftheorie

Was den Armen zu wünschen wäre
für eine bessere Zukunft?
Nur daß sie alle im Kampf gegen die Reichen
so unbeirrt sein sollen
so findig
und so beständig wie die Reichen im Kampf
gegen die Armen sind.

Erich Fried[64]

Anmerkungen

1 Im Vorwort zur Broschüre *Sozialhilfe – Ihr gutes Recht,* 1982, zit. n. www.nachdenkseiten.de/?p=1668&output=pdf (abgerufen am 13.11.2017).

2 *Hartz IV und die Folgen. Auf dem Weg in eine andere Republik?,* Weinheim und Basel 2015, S. 46.

3 Siehe www.der-paritaetische.de/schwerpunkte/armutsbericht/empirische-ergebnisse/alleinerziehende/ (abgerufen am 13.11.2017) und Statistisches Bundesamt et al. (Hrsg.), *Datenreport 2016,* Bonn 2016, S. 47.

4 Butterwegge 2015, S. 73.

5 Diese verkürzte Darstellung dürfte in etwa dem entsprechen, wie die Entstehung der Hartz-Gesetze in weiten Teilen der Öffentlichkeit wahrgenommen wurde; tatsächlich jedoch bot der Medienhype um die angebliche Fälschung von Statistiken der Bundesanstalt für Arbeit lediglich einen günstigen Zeitpunkt für die folgenden personellen und strukturellen Veränderungen der öffentlichen Arbeitsverwaltung sowie zur Einsetzung der Hartz-Kommission; siehe hierzu Butterwegge 2015, S. 70, 77; zur Vorgeschichte von Hartz IV siehe ebd. S. 36–68.

6 Siehe ebd. S. 118 und Stefan Willeke, »Hart, und dazu noch unfair«, *Die Zeit,* 28.2.2008 sowie https://de.wikipedia.org/wiki/Peter_Hartz (abgerufen am 13.11.2017).

7 Zur Zusammensetzung der Kommission und deren Aufgaben siehe de.wikipedia.org/wiki/Hartz-Konzept#Zusammensetzung (abgerufen am 13.11.2017) und Butterwegge 2015, S. 77–86.

8 Den vollständigen Bericht findet man unter www.bmas.de/DE/Service/Medien/Publikationen/moderne- dienstleistungen-am-arbeitsmarkt.html (abgerufen am 13.11.2017).

9 Zit. n. www.zeit.de/2011/41/Peter-Hartz (abgerufen am 13.11.2017).

10 Siehe dip21.bundestag.de/dip21/btp/15/15032.pdf (abgerufen am 24.1.2018).

11 *Frankfurter Rundschau,* 6.7.2002.

12 Das Vierte Gesetz für moderne Dienstleistungen am Arbeitsmarkt.

13 Auf dem Weltwirtschaftsforum in Davos, die vollständige Rede findet man unter www.gewerkschaft-von-unten.de/Rede_Davos.pdf (abgerufen am 14.11.2017).

14 Siehe http://www.kleinezeitungen.de/de/article/771.das-jobcenter-und-die-telefonische-erreibarkeit-seiner-mitarbeiter.html (abgerufen am 24.1.2018).

15 Siehe http://www.erwerbslosenforum.de/antrag/egv_481.pdf.

16 Zu den Antragsformularen für das neue Arbeitslosengeld II, zit. n. *WELT online,* 20.7.2004, www.welt.de/politik/article328913/Wer-nicht-zurecht-kommt-soll-mich-anrufen.html (abgerufen am 14.11.2017).

17 Zit. n. http://tacheles-sozialhilfe.de/startseite/aktuelles/d/n/ 1335/ (abgerufen am 14.11.2017).

18 »In der Sozialhilfe und bis 2008 auch beim ALG II wurde Verpflegung v. a. im Krankenhaus, aber auch bei Verwandten aufgrund der sogenannten ›häuslichen Ersparnis‹ von der Leistung in Abzug gebracht. Nach einer klaren Entscheidung des Bundessozialgerichts im Sommer 2008 gegen diese verbreitete Praxis der ARGEN ist die Anrechnung von Verpflegung vom Bundesministerium zum Januar 2009 offiziell zurückgenommen worden. In der Sozialhilfe sind entsprechende Abzüge heute noch gesetzlich vorgesehen.« E-Mail an die Autorin von Frank Jäger, freiberuflicher Referent für Sozialrecht und Sozialpolitik, 13.1.2011.

19 »Vorrang für die Anständigen – gegen Missbrauch, ›Abzocke‹ und Selbstbedienung im Sozialstaat. Ein Report vom

Arbeitsmarkt«, hrsg. vom Bundesministerium für Wirtschaft und Arbeit, zit. n. harald-thome.de/fa/harald-thome/files/ Gesetzestexte SGB II + VO/Gesetzestexte SGB XII + VO/ Seminare/Clement/Sozialmissbrauch_Bericht_BMWA.pdf (abgerufen am 14.11.2017).

20 In der rbb-Sendung »Klipp und klar«, 26.9. 2006, siehe www.youtube.com/watch?v=L2rVy6kt-WM (abgerufen am 15.11.2017).

21 In der *Passauer Neue Presse*, zit. n. www.welt.de/politik/ deutschland/article13371291/CSU-Ministerin- will-mehr-Druck-auf-Arbeitslose.html (abgerufen am 15.11.2017).

22 In der *Wirtschaftswoche*, 16.1.2010, siehe www.wiwo.de/politik/deutschland/innenpolitik-cdu-vize-koch-fordert-arbeitspflicht-fuer-hartz-iv-empfaenger-/5234452.html (abgerufen am 15.11.2017).

23 In der *BILD*, 14.6.2006, zit. n. www.spiegel.de/wirtschaft/ hartz-iv-missbrauch-forderung-nach-taeglicher-melde-pflicht-fuer-arbeitslose-sorgt-fuer-wut-a-421374.html (abgerufen am 15.11.2017).

24 So war es einst auf der Homepage von Möllenstädt zu lesen, zit. n. www.dielinke-bremen.de/index php? id=9319&tx_ttnews%5Btt_news%5D=13481&tx_ ttnews%5BbackPid%5D=11 (abgerufen am 15.11.2017).

25 Siehe www.erwerbslosenforum.de/antrag/egv_481.pdf.

26 *Deutschland schafft sich ab. Wie wir unser Land aufs Spiel setzen*, München 2010, S. 182 f.

27 Siehe www.bild.de/politik/2010/wie-ein-staplerfahrer-auf-staplerfahrer-umgeschult-wurde-11585960.bild.html (abgerufen am 15.11.2017).

28 Siehe ebd.

29 Siehe schicksale-hartz-iv.info/tag/sinnlose-masnahmen / und https://www.welt.de/vermischtes/article115539372/

Systemgegnerin-Die-Hartz-IV-Rebellin-im-Jobcenter.html (abgerufen am 15.11.2017).

30 Siehe www.fab-wetterau.de/images/docs/FAB_Geschaeftsbericht2009_sm.pdf, S. 13 (abgerufen am 27.11.2017).

31 *Frankfurter Rundschau,* 31.7.2009, siehe www.fr-online.de/rhein-main/bad-vilbel/arbeitslose-muessen-floehe-zaehlen/-/1472868/3137500/-/index.html (abgerufen am 15.11.2017).

32 Siehe *Spiegel online,* 1.4.2010, www.spiegel.de/wirtschaft/soziales/training-fuer-hartz-iv-empfaenger-arbeitslose-spielen-kaufmannsladen-a-686388.html (abgerufen am 15.11.2017).

33 Siehe *Welt online,* 6.4.2010, www.welt.de/politik/deutschland/article7069044/Hartz-IV-Empfaenger-sollen-Hundekot-Suender-jagen.html (abgerufen am 16.11.2017).

34 Siehe *BILD,* 26.5.2010, www.bild.de/regional/hannover/fast-jede-stunde-wird-ein-rad-gestohlen-12666266.bild.html (abgerufen am 16.11.2017).

35 *Welt online,* 14.12.2008, https://www.welt.de/regionales/berlin/article2883034/Hartz-IV-Empfaenger-sollen-Ratten-jagen.html (abgerufen am 16.11.2017).

36 Siehe *Die Welt,* 22.2.2010, https://www.welt.de/welt_print/politik/article6498800/Westerwelle-will-Arbeitslose-zum-Schneeschippen-schicken.html (abgerufen am 16.11.2017).

37 Siehe www.hartziv.org/news/20130508-absurde-hartz-iv- massnahmen-mehr-entwuerdigend-als-sinnvoll.html (abgerufen am 16.11.2017).

38 *Welt online,* 7.6.2010, https://www.welt.de/politik/deutschland/article7929107/Es-bricht-nicht-gleich-alles-zusammen.html (abgerufen am 16.11.2017).

39 Zit. n. www.sueddeutsche.de/politik/bundesbank-sarrazin-laestert-ueber-tuerkische-waermestuben-1.36488 (abgerufen am 16.11.2017).

40 Siehe Anm. 36

41 Zit. n. www.bz-berlin.de/aktuell/berlin/sarrazin-geld-sparen-durch-kalt-duschen-article754443.html (abgerufen am 16.11.2017).

42 Zit. n. http://www.taz.de/!658905/ (abgerufen am 16.11.2017).

43 Zit. n. www.jungewelt.de/bibliothek/zitat/?id=98 (abgerufen am 16.11.2017).

44 Zit. n. www.focus.de/politik/deutschland/hartz-iv-sprueche-von-roemischer-dekadenz-bis-zur-sektdusche_did_27342.html (abgerufen am 16.11.2017).

45 Zit. n. www.welt.de/wirtschaft/article5730959/Alle-Bezieher-von-Hartz-IV-sollen-dafuer-arbeiten.html (abgerufen am 16.11.2017).

46 Zit. n. www.n-tv.de/politik/Westerwelle-fordert-Arbeitszwang- article739694.html (abgerufen am 16.11.2017).

47 Zit. n. www.focus.de/politik/deutschland/horst-seehofer-kampfansage-an-schmarotzer-und-zuwanderer_aid_560515.html (abgerufen am 16.11.2017).

48 Online unter www.also-zentrum.de/downloadbereich.html?.../quer19_2017/... quer19_2017

49 Zu den verschiedenen Stellungnahmen siehe ebd.

50 *Me-Ti. Buch der Wendungen. Fragment,* Frankfurt/M. 1983, S. 59.

51 Zit. n. www.bild.de/geld/wirtschaft/empfaenger-sollen-auf-tabak-und-alkohol-verzichten-5724198.bild.html (abgerufen am 16.11.2017).

52 Siehe http://www.gegen-hartz.de/nachrichtenueberhartziv/

hartz-iv-regierung-fuer-sanktionen-bei-schwangeren-29211.php (abgerufen am 16.11.2017).

53 Zit. n. www.spiegel.de/politik/deutschland/fussfesseln-fuer- arbeitslose-verrueckte-idee-oder-verunglueckte-formulierung-a-353819.html (abgerufen am 16.11.2017).

54 Zit. n. www.spiegel.de/politik/deutschland/zwischenfall-bei-weinfest-bremer-senator-goss-obdachlosem-sekt-ueber-den-kopf-a-355659.html (abgerufen am 16.11.2017).

55 Zit. n. www.comedix.de/medien/lit/mythen_bei_asterix_dialogablauf.php (abgerufen am 16.11.2017).

56 Zit. n. www.die-linke.de/start/presse/detail/weg-mit-sanktionen-bei-hartz-iv/ (abgerufen am 16.11.2017).

57 *Macht und Ohnmacht. Ein Gespräch mit Inge Kloepfer,* Hamburg 2007, S. 233

58 Ebd., S. 224

59 Interview mit dem *Stern*, 18.4.2006, zit. n. www.spiegel.de/wirtschaft/harsche-kritik-dm-chef-haelt-hartz-iv-fuer-menschenquaelerei-a-411921.html (abgerufen am 16.11.2017).

60 Siehe Anmerkung 20

61 In der ARD-Talkshow »Beckmann«, 24.1.2014, www.youtube.com/watch?v=k4bym9xv4sE

62 Siehe www.dgbrechtsschutz.de/recht/sozialrecht/arbeitslosigkeit/sozialgericht-gotha-kaempft-weiter-gegen-hartz-iv-sanktionen/; das Urteil des Sozialgerichts Gotha findet man unter http://www.sggth.thueringen.de/webthfj/webthfj.nsf/0AD60FCE578A520AC1257E5A00360E9A/$File/Vorlagebeschluss S 15 AS 5157 14.pdf?OpenElement (abgerufen am 17.11.2017).

63 Vgl. hierzu etwa https://www.freitag.de/autoren/fhp-freie-hartz-iv-presse/hartz-iv-gesetzgebung-verfassungskonform (abgerufen am 17.11.2017).

64 In *Erich Fried. Gesammelte Werke in 4 Bänden*, hrsg. v. Volker Kaukoreit und Klaus Wagenbach, Berlin 2006. S. 255.

Inhaltsverzeichnis